不一样的教育 让我们慢慢来

BU YIYANG DE JIAOYU
RANG WOMEN MANMAN LAI

特 殊 教 育 故 事 集

TESHU JIAOYU GUSHI JI

赵 静　主 编

GEP 广西教育出版社 · 南宁

图书在版编目（CIP）数据

不一样的教育　让我们慢慢来 ：特殊教育故事集 / 赵静主编. -- 南宁 ：广西教育出版社，2024. 11.

ISBN 978-7-5435-9533-0

Ⅰ. G76

中国国家版本馆 CIP 数据核字第 2024XC4639 号

策　　划：苏　敏　曾令宪　　封面设计：杨　阳

责任编辑：钱艺琴　曾一可　　责任技编：蒋　媛

责任校对：陆嫣澄　何　云　　技术支持：梁广浩　高欣宇

出 版 人：石立民

出版发行：广西教育出版社

地　　址：广西南宁市鲤湾路 8 号　　邮政编码：530022

电　　话：0771-5865797

本社网址：http://www.gxeph.com

电子信箱：gxeph@vip.163.com

印　　刷：广西民族印刷包装集团有限公司

开　　本：787mm×1092mm　1/16

印　　张：20.75

字　　数：223 千字

版　　次：2024 年 11 月第 1 版

印　　次：2024 年 11 月第 1 次印刷

书　　号：ISBN 978-7-5435-9533-0

定　　价：58.00 元

序　言

特殊教育需要好的案例

考虑到一线教师教学的需要，从 2009 年开始，我拍摄了大量真实的课堂教学及教师教学体会的视频，想做成系列视频与文字结合的案例集，但因为种种因素并未实现初衷，所收集的素材仅作为供研究生学习的内部教学资料。现在，我却看到了赵静老师主编的《不一样的教育　让我们慢慢来——特殊教育故事集》这本集子，并答应给她写序。

我很少给人写序。

一则因为自己的地位——主要是指没有显赫的学界地位，不足以支撑给人写序言，怕给人家的著作带来负面影响。

二则自知有些话语不一定贴切，未必能锦上添花。

三则当下中国的教育著作汗牛充栋，特殊教育著作也是琳琅满目，有些著作的内容本人未必有过深入研究。

但是，我却决定为赵老师的这本书作序。

其实，我认识赵老师的时间并不长。第一次明确的记忆是在一次活动上，那次近距离的接触，让我知道了她毕业的学校、她工作的单位以及她的一些研究内容。后来，我还多次阅读她的公众号文章，觉得生动有趣。再后来，我还推荐她在相关会议上发言并发现她对某些问题有着不错的看法。当她嘱我写序时，我不假思索地答应了，也算是对她替我实现了出版“特殊教育故事集”愿望的一种感谢。

当然，这个集子的序言是值得我写的。

首先，从整本书的结构看，该故事集遵循了特殊教育乃至教育应有的规律。任何教育都是先解决孩子的生活自理问题，然后在解决这些问题的过程中，指导孩子的行为、处理孩子的情绪问题，最后才是解决和智慧有关的各种能力发展和走向未来的问题。

其次，从该故事集的功能看，有教师自己的心迹，更有专家的点评，能为一线教师乃至家长和相关人员提供操作的参照。全书五个篇章的每个部分，都是在引子后呈现老师们的做法、想法和体会，然后是专家点评。得与失、对与错、好与坏都在这一述一评中了。

最后，从可读性看，该故事集提供了另外一种源于实践、高于实践又可用于实践的鲜活故事，可读性强。这些故事基本都是教师“有话想说”的结果，是鲜活实践的写照。例如，“生活自理篇”中的第一篇就是我认识的戴海香老师的《做个干净整洁的女孩》，让读者一下子就感受到校园生活的气息。

我们说，不管是什么类型的儿童都是要走向未来的，我们的特殊教育也是要走向未来的。并且，我们期望着特殊教育走向更好的未来。

在未来，一定会有更多教育界和出版界人士关注特殊教育的教学行为，出版更多、更好的成果。在这个过程中，各类有特殊教育需要的学生，能获得更好的发展，从事特殊教育工作的教师有更好的条件和教学环境，教师会有更多的佳作问世。当然，在这个过程中，也会有更多相关行业人士关注弱势群体的教育，并从教育角度促进我们的社会有更大的进步。

我想，面包会有的，这些都会实现，而且会在不远的将来实现。

北京联合大学教授　刘全礼博士

2024 年 8 月 29 日于北京芍药居北里

目录 CONTENTS

一 生活自理篇

二 问题行为篇

四 能力发展篇

五 走向未来篇

一　生活自理篇

部分有特殊需要的孩子因为智力水平低，在感知、注意力、记忆、语言、思维、动作发展、生活适应等很多方面都存在滞后现象，生活自理能力确实比同龄的孩子要弱很多。比如他们不太会穿衣服，不能正确穿袜子，不会上厕所，不会系鞋带，不会叠衣服，不会吃饭，不懂收拾……这些是他们进入社会前最需要解决的问题。正因为这样，我们才要努力提升这些孩子的生活自理能力和社会生存能力，让他们更好地适应和融入社会，能独立且有尊严地生活。

做个干净整洁的女孩

戴海香

小丽，女孩
19 岁
智力障碍

小丽，一个 19 岁的大女孩，患有智力障碍，被评定为四级智力残疾，就读于特殊教育学校职高三班，即将高中毕业，走入社会。小丽在学校里被老师同学称为“一个有味道的女孩”，一件黑色棉袄可以穿一个冬天，厚厚的头发乱糟糟的，黝黑的脸上泛着油光。小丽是一个寄宿生，周一到周五住在学校，周末住在自己家里。每到周一返校，老师走近小丽，就会闻到一股怪味，像是汗臭混合着脚臭。为了让小丽穿得干净一点，学校的老师、社会上的爱心人士总会给小丽买衣服和鞋袜，可是最终这些衣服鞋袜都不知道去了哪里，小丽始终带着一股怪味来往于学校和家庭。

小丽的动作、语言等能力都不算弱，完全可以完成个人卫生整理，在学校职业课程的学习中，也基本掌握了保洁、超市服务等工作技能。但是，为什么小丽总是邋里邋遢，身上散发着怪味呢？为了了解原因，我带着老师深入她的家庭走访。

小丽家在一个山村里，房屋紧邻村道，她家的院子有三间屋子，屋子的外墙刷得雪白。但是走近小丽的家，我们只能摇头。门口被各种各样的垃圾堆满，俨然一个垃圾场。走进家门，双脚无处落地。电饭锅在地上，锅盖敞开着，小狗在舔食。灶台上的两个碗碟积着厚厚的灰尘，锅里的菜已经不知道煮了多少遍，黑乎乎的。院子里的三间房，只有一间有门板，所有的窗户都没有玻璃、窗帘，被子、衣服从一张小小的钢丝床上延伸到地面。屋里没有水龙头，也没有热水壶，连个大一点的澡盆都没有，只有屋外有一个水龙头。我们问小丽，她在哪里上厕所，她指了指屋后。我们接着问她上完厕所擦不擦屁股，她摇了摇头，说没有纸。

小丽一家三口都是残疾人，享受低保。小丽的妈妈因为精神疾病，被送到精神病院治疗，小丽的爸爸在外面打散工。家里没有人管教小丽，更不用说对她进行一定的家庭教育了。小丽是一个智力发育落后的女孩，还不知道养成良好的卫生习惯的重要性，也不知道做好个人卫生是一个人赢得别人尊重和喜爱的重要条件。在学校里，老师一直在进行以生活为核心的主题教学，教学生生活技能，小丽也因此掌握了保洁等技能，但是小丽的保洁技能只限于在学校使用，无法应用到家庭环境中。

像小丽这样的女青年如何融入社会？我们的学校教育能够做些什么？

带着这些思考，我们为小丽召开综合研判会，为小丽制订个别化的生活自理能力支持计划，并利用她的居家环境实施支持计划。

环境对一个人的行为有着重要的作用，整洁干净的居家环境对孩子生活习惯的养成也非常关键。为了发挥居家环境对小丽的作用，我们召集了党员志愿者，对小丽的居家环境进行了大“整改”。我们将她家里所有的垃圾和没有用的物品全部处理掉，为小丽新买了木床、书桌、衣橱、热水壶、毛巾、澡盆，安装上窗帘，将厨房的锅碗瓢盆全部清洗。征得小丽和她爸爸的同意后，我们将她家里的小狗送给了别人。经过一个下午的劳动，小丽的家焕然一新。我们要求小丽跟着我们一起劳动，清理垃圾，让这个家变得干净整洁。同时告诉小丽，现在家里的样子是示范，今后家里都要保持整洁、干净。

良好的如厕环境有助于小丽养成良好的个人卫生习惯，我们齐心协力，用她家门口的水泥砖在屋子旁边搭了一个小隔间，并用床单进行简单遮挡，隔间里面放了痰盂、手纸、垃圾桶，为小丽如厕提供了一个整洁的环境。

爱心慰问、包办解决不了小丽的问题，只有让小丽养成讲卫生的好习惯、真正掌握居家生活技能，才能改变这个家庭的现状。我们改变以往“授人以鱼”的思路，不再简单地送衣服、送鞋子，而是注重“授人以渔”。小丽是住校生，每周一到周五在学校上课，周末回家。我们利用周末的时间，到小丽家中指导她洗头、洗澡、洗碗、洗衣服、拖地、烧饭。

小丽的理解接受能力较好，她本身在学校也学习了这些生活技能，因此在进行居家指导时，小丽适应得很快。老师只要给予一定的语言提示，她基本都能完成。例如洗澡，我们告诉小丽，先要准备两壶热水，再把澡盆拿到房间里，拉上窗帘和门帘，往澡盆里倒入热水和冷水，坐在澡盆里，从脖子处开始洗，然后到后背、双手、双脚，都要用毛巾搓一搓。洗澡要在房间里进行，不能被别人看到。又如洗衣服，在我们的语言提示下，小丽能够按照“打水—倒入洗衣液—浸泡—搓洗—清洗—拧干—晾晒”的步骤洗完衣服。在简易卫生间里，我们同样教会了小丽上厕所的步骤。

居家生活技能的指导一方面让小丽学会在家庭环境中学习和运用卫生技能，另一方面也提高了小丽的认知水平，让她逐渐认识到个人卫生的重要性，她逐渐明白身体干净、衣服整洁、没有异味是一个女孩子美丽的表现。

小丽无法将生活技能迁移到家庭，这与她的迁移能力有关，但更关键的原因是缺乏监督和评价。为了让小丽在家庭中保持良好的生活习惯，每周家访时，我们都会检查卧室、客厅等的卫生，用“被子叠得很整齐”“地面打扫干净了”这些具体的口头评价让小丽不断巩固已经习得的技能。同时，我们告诉她今天要学习的生活技能，学完之后会得到奖励，让小丽对即将要学习的技能有一定的准备。在教授新的技能时，我们会对小丽在学习过程中的具体表现进行即时的口头表扬，例如“衣服搓洗得很干净”“头发洗得很干净”。一天的技能学习结束，我们会和小丽一起总结她学习了什么技能，周末回家要做什么事情。每周我们都会对小丽进行一定的奖励，如给她一元的金钱奖励。

经过一年多的指导、监督、评价，小丽逐渐养成了周末回家洗头、洗澡的习惯，她身上的衣服、鞋袜也能经常更换清洗，无论是在学校还是在家中，她都知道上完厕所要清洁。除了个人卫生，小丽也能在家里主动洗碗、整理房间。渐渐地，小丽身上的怪味消失了，左邻右舍、老师、同学也越来越喜欢小丽，夸奖小丽是一个干净漂亮的大姑娘，小丽听到夸奖总是露出开心的笑容。

学校教育不能仅局限于校园之内，尤其是特殊教育，对于智力障碍青年，我们更要关注他们的生活环境，从学校走向家庭、社区，打破他们融入社会的壁垒，助力他们真正成为社会的一分子。

专家点评

戴老师的文章揭开了一部分大龄特殊需要学生和特殊需要家庭的困境。小丽家的艰难处境，可能是多重残障家庭困境的一个缩影。对此，特教老师可以做些什么呢？戴老师的文笔朴实无华，我们却从这些文字中看到了一颗金子般的心！

大龄孩子即将从学校毕业，生存的主要障碍是什么呢？对于小丽来说，提升生活自理能力，建立卫生意识，形成良好卫生习惯，就是最迫切、最需要解决的问题。

戴老师和同事们通过送教上门，教授居家生活技能，并坚持每周上门监督、测评，让孩子在高中毕业前解决了这个重大的问题，把一个不讲卫生的女孩变成一个干净整洁的女孩，这真是太不容易了！

这个计划的实施不是一天两天，也不是一周两周，而是需要一年多的跟进，其中所需要的思考和设计、心力和精力绝对不是一次性的“爱心慰问”所能比拟的，它需要戴老师和有共识的老师长期地、持续地付出。这个能到学校读书的孩子虽然没有“送教上门”的需求，但戴老师和伙伴们把“送教上门”完成得非常漂亮！

在这个过程中，戴老师用的是一种非常专业的个案工作的方法，类似于社工的专业方法。在这里，戴老师将特教和社工两种专业的工作进行了有机结合，目前还不多见，这非常值得我们特教工作者借鉴！虽然文章没有展现出全貌，但我们从资源整合、包裹式服务以及一连串的专业工作中，能够窥见一斑。

1. 家访——为了了解原因，戴老师及她的团队进行了深入的家庭走访。

2. 会诊——老师们为小丽召开综合研判会，为小丽制订个别化的生活能力支持计划，并利用她的家庭环境实施支持计划。

3. 行动——召集党员志愿者，对小丽的家庭进行大整改。将小丽家里所有的垃圾和没有用的物品全部处理掉，为小丽新买了木床、书桌、衣橱、热水壶、毛巾、澡盆……

4. 改建——用小丽家门口的水泥砖在屋子旁边搭了一个小隔间，并用床单进行简单遮挡，隔间里面放了痰盂、手纸、垃圾桶，为小丽如厕提供了一个整洁的环境。

5. 再行动——老师们利用周末时间，到小丽家里指导小丽洗头、洗澡、洗碗、洗衣服、拖地、烧饭，指导小丽学习上厕所的步骤。

6. 反馈——每周家访，老师们都会检查房间、客厅的卫生，对小丽进行评价与奖励……

戴老师尽可能将有助于满足孩子需要的各方面资源加以整合运用，这些可利用的资源可能来自学校和相关机构，甚至可能来自孩子本身，因为小丽本身已经掌握的能力也是一项资源。

老师们对小丽和她的家庭没有丝毫偏见和批判，有的只是足够的尊重和肯定，他们这种将问题解决到底的精神和付诸实际的行动，真正地助力着每个生命的成长。

“多肉”的成长

莫文景

昌昌，男孩
13 岁
智力障碍

我的班上有一个捧场王，无论你教什么，不管懂与不懂，他都会积极地回应你，就像是你的高效助理；他也会像只小懒猫，嘴上虽积极地配合着你，但行动上十分不给力，长此以往成了班上的后进生。他总是不以为意，一笑而过，我却心急火燎，愁上眉头。

他，就是昌昌。昌昌有一句“名言”：“莫老师，我做完了！”他这句“名言”总是会在上课时单句循环着，一次又一次打破课堂的宁静。按理说，患有智力障碍的孩子能主动跟老师互动，报告自己学习任务完成的情况是一件喜闻乐见的事情，但实际上昌昌并没有真正掌握生活技能。那如何让他这句“名言”恰到好处地在课堂中响起呢？我陷入了深深的思考。

起初，他总是在我刚发完拖地任务指令后的下一秒蹦出一句：“莫老师，我做完了！”刚开始我只是耐心地告诉他：“昌昌，看，你还没做完，继续。”然而他依旧像复读机一样重复着这句话。他那一成不变的笑容告知我，口头提醒式的行为矫正法收效甚微。怎样才能把他说口头禅的精力转化为参与学习的动力呢？我开始寻思他这一口头禅背后隐藏的行为原因。冰山理论告诉我们，个人的“自我”就像一座冰山一样，我们能看到的只是表面很小的一部分行为，而更大一部分的内在世界却藏在更深层次，不为人所见。经过一段时间的观察、记录，我逐渐发现这是他注意力分散、做事缺乏耐心、急于求取结果的行为表现。那该如何聚焦他的注意力，帮助他学会基本技能呢？我开始根据他的行为特征试用一些行为矫正方法。

我沿用智力落后儿童教学中常用来规范学生行为、建立期望行为的教学策略——代币治疗法。当他随口说出“莫老师，我做完了”时，我就会扣他的代币。当他真的完成学习任务后才说时，我就会及时给予他代币奖励。但在试行的过程中，我发现他不懂得判断自己的劳动任务是否完成，还是只能跟老师表达自己“做完了”要拿代币的想法。当代币治疗法不奏效后，我就考虑采用班杜拉的社会学习理论——观察学习，以“一对一”结对的同伴学习模式开展。我让能力强的学生带着他一起拖地，并告知他，要等其他同学说“拖完了”，他才可以说“做完了”，但这种方式依旧无效。

接着，我把学生拖地的状态录下来，通过视频回放方式，让同学们在相互对比中模仿学习。当播放到昌昌的录像时，其他学生就会指出他不认真、偷懒，这时他就不好意思地用小手挠着后脑勺，笑着不作声，但回到实际的学习任务中，他依然只是顾着念他的口头禅。对其他同学有效的习惯扭转矫正法我都试了，对昌昌却都不奏效。难道我要就此放弃吗？不，我不甘心！于是，我继续寻思昌昌不良行为的诱因，设想他是不是因为忍不住要说话才会这样……有啦！我决定改变策略，使用塑造新行为的矫正法。

首先，我将拖地的技巧口令植入到他忍不住要说话的行为中去，要求他一边拖地一边说“左右”。当他学会拖地的动作后，便提出新要求——一边拖地一边数数，从“1”数到“10”就结束。而后逐渐加到“50”，但昌昌数到“50”后就会乱数数，这时我就采用手机计时法，告知他能坚持拖到闹铃响就算完成，然后就有奖励。计时从 1 分钟、2 分钟、5 分钟再到 10 分钟……随着时间的推移，一些东西在悄无声息地变化着。在一次练习中，当我辅导好其他学生，发现他不在教室时，我的第一反应是“他又跑去偷懒”，我只能走出教室寻找他的踪影。结果，走出教室，却看到一个肉嘟嘟的身影埋着头有规律地向后移，嘴里还有节奏地哼着“左右、左右”。原来他独自在走廊拖地，直到拖到楼道尽头才抬起头发现我。他笑着大声地对我说：“莫老师，我做完了！”这时，我呼唤他回来拿奖励。他开心地笑着，兴高采烈地向我走来，这时他那灿烂的笑容就像一束阳光照进我的心窝，很暖和，很惬意。

看着他那肉嘟嘟的身材，我联想到多肉植物。“多肉”的成长需要阳光与养料，而昌昌的成长也需要时间与方法，转变过程虽然缓慢，但不是静止的。古希腊学者阿基米德说过：“给我一个支点，我能撬起一个地球。”而我却感悟到：给学生一个恰当的方法，他也能撑起自己的一片蓝天。这正如陶行知先生所说，培养教育人和种花木一样，首先要认识花木的特点，区别不同情况给以施肥、浇水和培养教育。这才叫因材施教。

专家点评

肉嘟嘟的昌昌，很可爱！让人又喜欢又着急，喜欢的是他主动积极，给老师捧场；着急的是他“嘴上虽积极地配合着你，但行动上十分不给力”。昌昌有一句口头禅“莫老师，我做完了”，会经常单句循环这句话。表面看他似乎与老师互动得不错，但老师明显感觉到了不对劲，昌昌并没有完成老师布置的任务，因为他总是能在莫老师刚发完拖地任务指令后的“下一秒”蹦出一句“莫老师，我做完了”。真正的互动交往并不只限于口语的对答，很多互动甚至不需要口语，它的本质是“人与人的交互”，是在相同理解意义上的有来有往。比如别人叫我，我有反应，我可能不会发音说出“哎”，但是我会转过头来点头示意；又比如我会根据不同的情景做出不同的面部表情、肢体动作来表达情绪，在打招呼和回应别人问好时会面带微笑；等等。

那到底是哪里不对劲呢？这里就要思考：昌昌是不是真的懂得“完成”两个字的意思？不一定。昌昌可能有比较好的发音能力，或是纯粹的口语表达能力，看到同学回答“完成了”的时候，老师都会给予很好的回应，他可能就“鹦鹉学舌”了。还有一种情况可能是“鸡同鸭讲眼碌碌”①，反正不管你说什么，他只说他的。但是，人真正的品质培养是要见诸行动的，莫老师希望培养昌昌认真做事的耐心、坚持不懈的恒心、情绪平稳的定心，从而让他学会真正的生活技能，所以，莫老师思考的是如何让他这句“名言”恰到好处地在课堂中响起。这起码要符合两个要求：一是这句话回答得不早也不迟，是在老师下完指令且自己真正完成任务后告诉老师的；二是在确定老师收到回应后，不再重复。

这里，莫老师还提出了一个有价值的问题，那就是针对智力障碍儿童的教育是否有效。莫老师用了很多方法，首先是言语促进，如“刚开始我只是耐心地告诉他：‘昌昌，看，你还没做完，继续。’”。后来莫老师发现这种方法没用，就用代币治疗法。但莫老师又发现这种方法也没用，因为“在试行的过程中，我发现他不懂得判断自己的劳动任务是否完成，还是只能跟老师表达自己‘做完了’要拿代币”。这里就是老师们常常遇到的一个问题，采用任何行为矫正和治疗方法都一定要和孩子的理解能力对等，否则毫无意义！当代币治疗法不奏效后，莫老师就考虑采用第三种方法“观

---

① 粤语俗语。用于描述双方沟通不畅的情况。

察学习”。结果第三种方法还是没用。

最后，莫老师改变策略，使用塑造新行为的矫正法。利用昌昌的口语优势，变劣势为优势。其实昌昌的口语特点本来是他的优势，但是一旦这个优势过了头，不分场合地乱说就成了缺点。语言是思维的外壳，可以带动思维的发展，当孩子的精力落到行动上，思维的运转也会带动手上的操作，反过来，“口动”“手动”也会带动“脑动”。莫老师用了一系列方法，层层递进，让昌昌逐步改掉了坏习惯。

加强专注力的训练，以操作为重点。智力障碍儿童由于脑部的生理问题，智力发展水平低，普遍以具体形象思维为主，这就决定了他们需要通过更多的操作、体验与学习，才能形成正常人在日常生活中自然就能习得的生活经验。莫老师意识到了这一点，并在这个思想的指导下，通过让孩子加大动手操作，结合奖励措施，加强专注力的训练，来解决昌昌“注意力分散，做事缺乏耐心，急于求取结果”的问题。先训练孩子做到基本服从，再训练忍耐，最后训练专注，初步达成了“聚焦注意力，学会基本技能”的目标。莫老师在其中用到的许多方法，都是非常符合智力障碍儿童的特点的，比如通过视频回放的方式，让同学们在相互对比中模仿学习，这里就运用到了反馈机制、社会学习理论。

正如莫老师自己所说，给学生一个恰当的方法，他也能撑起自己的一片蓝天。希望所有的特殊需要儿童都能言行一致，所有的特殊教育都是温暖而有效的。

我们都在陪你慢慢成长

王　馨

御御，男孩
9 岁
孤独症

刚来到这个班里，我就从原来的班主任那里提前了解了班上每个学生的现状。“这个孩子不喜欢上厕所，尽管他每节课都要喝水，但就是不上厕所。”“怎样都不去吗？”我瞪大了眼睛，难以置信。“是的。”另一位老师目光肯定地看着我。我们讨论的学生，是一个叫御御的男孩。我了解到，他可以为了不在学校上厕所整天憋尿，这样会给他的膀胱增加负担，长时间下去还可能导致肾衰竭。带着这样的担忧，我决定走近这个学生。

初步了解，默默陪伴

御御长得很秀气，那无辜的眼神别提多惹人喜爱了。早上，我坐在了教室最前面，准备迎接孩子们。就在我打开教室电脑的瞬间，御御“嗖”地从班级前门钻了进来，像是一阵风吹过，站在自己的柜子面前，随后动作立刻停止了，像是被人按了暂停键。我站起来好奇地问："御御，怎么了？把书包放到柜子里吧。"他听到我的声音后，便开始摆弄自己的书包，但是怎么也脱不下来。我已经走到他的面前："御御，你的书包锁住了，老师帮你打开。"我帮他打开了书包的锁扣，他自己脱下书包放进了柜子里，同时把水杯从书包里拿了出来。拿到水杯后，他明显没有刚进教室时那么紧张了，坐在椅子上抱着水杯，放松地喝起了水。看着御御喝水，我想起了前任班主任说的话。"还是别喝太多了！"我跟御御说。御御不情愿地把水杯放在了柜子上。

上午两节课后的课间，我对御御说："御御，去一趟厕所吧。"我看御御没有起身的意思，便走到他的面前，对他说："你喝了好多水了，咱们去一次厕所。"御御是一名孤独症儿童，对陌生环境非常抵触，于是我便告诉他："走，老师陪着你去。"很明显，我说的话很有效果，他犹豫地站了起来，试探性地往前走，不时地回头看看我是否跟着。看样子御御还真是没有去过厕所，出了教室不知道往哪儿走，我便走到御御的前面，带着他一起去。走到厕所门口，御御停下了脚步。"进去吧，厕所到了，老师在门口等你。"我对他说。御御抬头看了看我，表情有些无助。我牵起他的手，试图拉着他走进厕所里，他抗拒地哼哼起来，带着我往回走，没想到身材瘦瘦小小的御御力气还挺大！我跟御御说："我们今天已经走到厕所门口了，御御今天有进步了，你真棒！"跟以前比，御御已经有了进步，我不再要求他一定要自己进去上厕所，而是陪着御御回到教室，并不停地夸奖他。御御一路小跑，回到教室，坐在了自己的位置上，面带微笑地看着我。我知道他的心情不错，对去厕所这件事也不再那么害怕，也知道他明白王老师会陪着他去厕所门口。

放平心态，在陪伴中突破

我记得一本有关训练孤独症儿童如厕的书上写过这样一句话：在训练孤独症儿童如厕时，千万不要把对普通儿童的期望，转嫁到他们身上，这样往往会适得其反。越着急越没有结果，情况也越糟糕。我放平心态，用平和的语气告诉御御："不着急，在学校里，老师会陪着你的。"之后的每个课间我都陪着御御去厕所，但半天过去了，我们依旧没有突破进厕所的难关。我继续鼓励他："御御，你已经很棒了，老师一说去厕所，你会主动跑到厕所门口，站在那里等老师，很棒，有进步了。"御御听到我表扬他的话，高兴地笑了，但是我心里明白，这离最终的目标还是有一定距离的。我在心里给御御定了一个目标，即走进厕所。

下课铃声一响，去厕所的学生很多，在我和御御目送好几位同学进入厕所后，我跟御御说："御御，你看这几位同学也进入了厕所，你还没有进去过吧，不知道里面的样子呢，我们一起看看吧！"很显然，这次的语言没有打动他。这时同班同学小涵来了，我让小涵拉着御御的手一起进去，第一次小涵很显然没有拉动御御。我告诉小涵："你再试着拉着御御的手，一起走进厕所。"小涵配合我，又一次拉起御御的手，到第三次，终于成功地牵上手，我们三人一起走进了厕所。刚到厕所，御御下意识地要跑回班里，被我拦了下来，我开始鼓励他：“御御今天真棒，能够进学校的厕所了，老师真的为你高兴，我们御御长大了。那咱们今天试着上厕所吧。”我先让御御观察其他小朋友如厕的方法，再告诉他：“先站好，把裤子脱掉，然后可以上厕所了！”御御站在便池的面前没有动，站了一会儿，看看我，我看出他想回班里了。我想，今天的御御是有进步的，我们不着急，慢慢来。我一边安慰自己，一边用坚定的眼神告诉他：“你今天很有进步，我们还要加油。”

细化分解，在陪伴中练习

我利用课余时间把如厕流程细化。我简单地写了上厕所的三个步骤，并将步骤进一步分解，让御御一步步训练，一点点练习。课间的时候，我还是会陪着御御去上厕所，并让御御观察其他同学如厕时的步骤，御御也尝试着自己做，对于御御而言，这些看似简单的动作还是有一定难度。我语重心长地跟御御说：“不着急，老师陪着你。”御御在那儿站了几分钟，不时地看向我。我继续告诉御御：“不着急，老师等你。”就这样，时间一分一秒地过去，御御终于成功地上完厕所，我和御御都笑了。

我把成功的喜悦分享给御御妈妈，并和她达成一致，我在学校中陪伴御御如厕，御御妈妈在家里陪伴他如厕。孩子对陌生环境的抵触和恐惧在我们默默的陪伴中慢慢地消失。我们时时刻刻都在孩子的身边，慢慢地陪他们长大。

专家点评

一句“成功地上完厕所”，让我们不禁感慨，这真是太不容易了！因为某些原因，很多特殊需要儿童难以实现基本的生理需求。本文的王老师，在孩子因为不上厕所的问题被前任老师们“定性”的情况下，还是抱着“不信邪”的态度，努力帮助孩子适应学校生活。

不一样的教育，我们慢慢来

特殊教育，虽然只是一个统称，但其中的分类，对比普通教育来说却细致多样，而且每一种类型的特殊需要儿童都有本质的不同。特教老师接受的师范教育和岗前培训，很多时候也只是学习通识，真正深入实践之后，老师们才会发现各类特殊需要儿童的教育方法有可能是完全不一样的。从这个角度来看，特殊教育的难度很大！文中的孤独症儿童因为感知觉异常，所以对在陌生环境上厕所这件事感到恐惧。

其实，绝大部分的特殊需要儿童在生活自理等方面都或多或少存在一些问题，这些问题不至于很明显地影响到他人，但是在集体生活中总是不那么为人所接纳，比如不肯进校门，不肯进教室，不肯上厕所，不肯排队……于是我们就会按照行为矫正的方法去归因、定性，去寻求高明的方式来解决，但实际上解决这类问题不需要太复杂的方法。

在行为矫正技术当中有这样一种技术，叫作“塑造”。塑造的过程就是“一步步靠近目标”，以一种渐进的方式来矫正。虽然王老师没有特别严谨地表达出来，但我们也可以通过这个上厕所的例子来理解塑造概念里的几个要点。一是尚未做出，如果孩子是间或出现目标行为，就不需要运用塑造，只需要用差别强化来提高目标行为的发生频率即可。二是连续接近，就是说在这个过程中，个体被强化的行为是与目标行为类似或存在某些关联的行为。三是差别强化，也可以叫区别强化。这个技术包含强化和消失的基本原理，差别强化出现在一个情景中，当一个行为被强化，而其他行为都没有被强化时，结果就是得到强化的行为会增加，没有得到强化的行为减少。

不一样的孩子，我们帮帮忙

孤独症儿童，他们身上有很多“不一样”，其中一种“不一样”就是会经常恐惧。许多特教老师在日常教育教学中常常会遇到很多问题，而让老师焦虑的问题之一就是，孤独症儿童会突然崩溃。这是因为孤独症儿童的感知觉异于常人，很多时候陌生的环境会让他们感到不安和恐惧。曾有一项针对千名孤独症儿童的研究发现，近半数的孤独症儿童有无名恐惧，总计种类近500种。无名恐惧，也可以叫异常恐惧、非寻常恐惧，即害怕的事物莫名其妙，让常人很难理解。大部分儿童可以接受的声音，比如风吹落叶的声音、有节律的美妙音乐或马桶冲水的声音，都可能会让孤独症儿童感到不安、焦虑、痛苦。无名恐惧会干扰个体的正常能力，多数孤独症儿童可能会因为无名恐惧而逃避，或者持续处在焦虑状态中，从而影响生活和学习。

从多年参与这类孩子的教育教学经历来看，我们要解决这个问题，最重要的是要做到有效陪伴。如果能努力做到以下几点，不仅能让孩子平稳过渡，还能让老师缓解焦虑：一是识别每个孩子表达恐惧的不同方式，通过各种渠道了解他们恐惧的原因是什么；二是承认他们的恐惧之处，让孩子感受到老师能理解他们的感受；三是了解孩子恐惧的程度，帮助孩子建立克服或减弱恐惧的信心；四是陪伴孩子，如果孩子暂时做不到克服恐惧，就试着通过调整环境，或在有人手的情况下通过个性化辅导来减轻孩子的恐惧；五是针对恐惧努力找到有效的应对方法，帮助孩子应对“恐慌时刻”；六是提前告知、模拟，让孩子有预期，那么对于已知的东西，孩子的恐惧感会降低。

王老师就非常有细心和耐心，没有使用强硬手段，而是一步步向目标靠近。王老师用一个打开书包锁扣的举动，让孩子开始接纳一个新的老师，再温柔地提示孩子少喝点水，孩子虽然不情愿，但还是照做了。她后来陪伴孩子第一次上厕所，就有了好的效果。最终，师生一起来到了厕所门口，虽然孩子没进去，但王老师却不吝啬对孩子的赞美，并且坚持每个课间都陪着孩子去厕所，同时不断地鼓励他，保证孩子能将“跑到厕所门口”的行为稳定下来。此后，王老师又动员孩子的同学，将孩子成功从厕所门口带进了厕所，这可是跨出了一大步啊！之后，王老师将上厕所的步骤进行分解，成功教会孩子如厕。

王老师春风化雨的教育过程深刻诠释了塑造之法，这种方法是循序渐进的。爱的陪伴定能战胜特殊的恐惧。正如她所说，我们时时刻刻都在孩子的身边，慢慢地陪他们长大。

不要因为盲目的爱，折断孩子可以飞翔的翅膀

解　莹

小石，男孩
10 岁
听力、肢体、
视力多重障碍

桃李满天下是每个教育工作者的梦想，我选择了这群特殊的孩子们。虽然远离了普通教学的教育成就，但我也享受到了普通老师体验不到的快乐和幸福。

小石是班上最小的孩子，10 岁，身高却只有 1.2 米，存在听力、肢体、视力方面的多重障碍，因此小石的生活受到了很大的阻力。每天小石由家长用轮椅推着送到学校，老师又推着他参与做操活动。下午放学后，家长再推着他回家。但即使是这样悉心地呵护，小石也还是会经常磕伤碰伤。

如果将来小石走入社会，还会有人这样一直呵护着他吗？当他的父母老了，会有人一直照顾他吗？一连串的问题在我脑海中浮现。

作为小石的班主任，我要用自己的专业帮助小石独立行走。针对小石的情况，我为他制订了为期两个月的康复训练计划。小石的步态异常是臀大肌和核心肌肉力量不足，关节活动度不够导致的，这就要锻炼他的下肢力量。我对步行能力的训练内容进行分解，分为单腿负重，靠墙伸髋跨越，靠墙伸髋踏步，侧方迈步和前方迈步等步骤。第一阶段为单腿负重训练，小石的右腿尤其无力，他对训练表现出很强的抗拒，我耐心地引导小石，用手慢慢支撑小石的腿，和他一起完成伸腿动作。当小石的单腿足跟能够抬起20厘米左右时，我对他进行第二阶段的靠墙伸髋跨越训练和第三阶段的靠墙伸髋踏步训练。每天的午休时间，我都会带着他在楼道中训练，虽然训练很累，但我们一直坚持着。一个月过去了，小石的步态稳定多了，我就带着他继续进行第四阶段的侧方迈步训练和第五阶段的前方迈步训练。我利用二楼到三楼的十几级台阶，带着他反复走，从开始走十几级台阶要花半小时，到后期只用十几分钟。虽然每次训练后我的衣服都湿透了，但那是幸福的汗水，看着小石一点点进步，我觉得一切都值得了。

两个月很快过去了。一天，早操时间，小石的小手伸了过来，准备让我牵着他。我对小石说："小石，今天你要自己走，老师相信你，你是坚强的男子汉。"听到这句话，小石惊讶地看了我一眼，站在原地一动不动，有些失落。我尝试着不理会小石，于是小石自己扶着栏杆艰难地下楼梯。看着小石走得很不稳，我下意识地想去扶一把，但想到他的将来，我还是把手缩了回去。我的心中犹如刀割一般难受，但还是很坚决地没有去扶小石。

我继续鼓励小石说："小石，你可以的，加油！"这时，在场的同学也开始鼓励小石。瑶瑶说："小石你可以的，我们都支持你！"连平时最不爱说话的平平也开口鼓励："小石，走起来！"小石在大家的鼓励下，接着下楼梯。"解老师，我可以的，我一定要学会下楼梯！"小石坚定地对我说。看着小石勇敢而坚定的模样，我和同学们不约而同地为他鼓起掌。

时间一天天地过去了，老师和同学们的鼓励潜移默化地影响着小石。记得那是一个春光明媚的上午，我们班的队伍很整齐，站在排头的小石没有让我牵着手，自己独自走着。虽然他的步伐还有些艰难，但他没有寻求任何人的帮助。小石的脸上绽放出纯真的笑容，我想此刻小石一定很开心，那是成功后的喜悦，那是幸福的微笑。

爱他，就要放开他的手。作为班主任的我渴望能在孩子们的身后给予他们信心与正能量。我深爱着每个孩子，希望他们都能健康快乐地成长，但我也明白，不能因为自己的爱而对他们过度保护。在特殊教育工作中，我们的孩子往往因为先天因素导致某种能力缺失，但这并不意味着他们没有提升的空间，我们不能因为同情或者怜悯便对他们的生活事务全权包办，我们要让他们学会生活技能，从而适应这个社会。

对于特殊教育学校的老师来说，这项工作平凡而艰辛，但学生的期盼和家长的愿景，让这份平凡的工作充满了希望与使命感。我将坚定信念，初心不改，十年如一日扎根土壤，用自己的爱和知识，守护这群特殊的孩子。

专家点评

不得不说，解老师的眼光很长远，立足于特殊需要儿童未来的发展！整篇文章的描述，不仅让我们看到特教老师的爱，还让我们看到了特教老师的专业。让一个孩子从无法行走到能独立行走，提升了孩子日常生活中基本的行走技能，这是多么大的成就啊！

只给予精心的呵护，能否给特殊需要儿童一个美好的明天？答案是否定的。

主动康复和被动康复虽然都是康复，但在本质上是截然不同的。从优势视角来看，每个人都是有优势的，我们总能在原有的基础上增强能力，特殊需要儿童也不例外。对于个体来说，如果长期处于被动的状态，只是“享受”外部给予的训练、康复和精心呵护，那么就很难进步。重度障碍甚至极重度障碍的孩子都能通过主动康复增强能力，更别说小石这种还有基本能力、能在协助下参与学校集体生活的孩子了。

我们常常会遇到这种情况，孩子家长总认定孩子不能做什么，而老师却往往不这么认为。比如，一位发育迟缓的孩子的家长说孩子没什么力气，力量很小，走路也不是很稳，尤其是手没力，连拿杯子的力气都没有。后来老师发现他确实比较体弱，但却不是家长说的那么弱，特别是老师发现他经常会从同学手中飞快地抢夺零食，然后快速地塞进嘴里。同时，他非常不爱喝水，所以每次被逼喝水的时候，他的手几乎不动，似乎连水杯都拿不起来。这里就能很清楚地看出，主动和被动的区别在于个体的意识，当孩子有了想吃的欲望、想拿的意愿，他们可以很主动很有力地去抢夺食物，而当他们没有这种意愿时，真是“拿杯子的力气都没有”。

同样的道理，当一个孩子从意识上有了主动性的时候，他一定会有所提升。我们传统的视角多数是问题视角和缺陷视角，就是这个孩子有问题，我们都把目光聚焦于问题，给他贴标签，于是我们不再思考他可以怎么做，他能做到怎样，只一味地给予帮助、宠爱、呵护，导致他的能力越来越弱……其实，我们需要远离这种思维定式，理性看待特殊需要孩子的成长空间，在不利情境中看到改变和进步的可能性，在科学评估的基础上有计划地接近他的最近发展区，利用一切可以利用的资源，构建好各类支持网络，激发孩子的内驱力和主动性，提升他的能力，使他的潜能得到最大程度的发挥。

提供足够支持之后的“放手”才能让特殊需要儿童拥有飞翔的翅膀。

因为“放手”，几个月的时间就改变了一个孩子。孩子能独立行走，为生活自理提供了有利条件。有时候特教老师往往需要进行这样的“特别行动”。在特殊教育学校里面，有很多存在运动障碍的孩子，也有部分伴有肢体发育异常的智力障碍或孤独症的孩子，无论是哪种类型的孩子，他们大多存在核心肌群力量弱而致不稳定的问题，因此，必须把核心稳定性训练作为重点。在这个过程中孩子会感到困难，他们难以控制身体，对于我们来说易如反掌的事情，对他们而言可能拼尽全身的力气也难以做到，所以，这里的放手并非盲目放手，前提是要给孩子提供足够的支持。

解老师在评估分析的基础上，制订了为期两个月的康复训练计划。她先找到症结所在——小石的步态异常是臀大肌和核心肌肉力量不足、关节活动度不够导致的，其中关键的是下肢的力量，这就需要锻炼他的下肢力量。解老师对小石步行能力的训练内容进行分解，分为五个步骤——单腿负重、靠墙伸髋跨越、靠墙伸髋踏步、侧方迈步和前方迈步。这个过程毫无疑问是困难重重的，这时老师的陪伴、扶持就显得特别重要。

最后，那一天的上午，“站在排头的小石没有让我牵着手，自己独自走着。虽然他的步伐还有些艰难，但他没有寻求任何人的帮助”。那确实是“一个春光明媚的上午”，那么美好的画面也定格在我们的心中！

抱着水桶吃饭的峰峰

谭晓燕

峰峰，男孩
11岁
重度智力障碍
兼脑瘫

峰峰是一个患有重度智力障碍兼脑瘫的孩子。过去的他，一切行为都是随心所欲的，老师们都拿他没办法。几年前，学校重度班开设用餐课。一到吃饭时间，他就不再四处游荡了，而是拿着饭碗来装饭、盛汤、取菜。每当他过来领取食物时，我就要求他排队等候，识别食物，表达需求。提出要求后，峰峰果然会认真地观察、模仿，但他一遇到困难就控制不住情绪，在饭堂乱跑，待释放情绪之后，又会安静地走向食物并按照老师的要求来做。

然而一顿饭下来，他的脸上、身上，食堂的桌上、地上，全是饭粒、菜汁、汤水。为此，我给他量身定制了教学目标，一旦掉饭粒，他就必须立刻捡起来扔到水桶里；一旦脸上脏了，就必须立刻抹干净；一旦桌上有菜汁、汤水，就必须立刻拿抹布擦。可是，如果我让他不能舒舒服服地吃饭，他就会不高兴；如果吃了一半被我打断，他的脾气就上来了。一生气，他除了乱跑之外，甚至有几回还想对我动手，幸亏最后他控制住了自己的行为。

训练了一段时间后，我发现他有些古怪。每顿饭拿到手之后，他不是立刻坐下来吃，而是把装剩菜剩饭的水桶拉到自己的桌底下。这样，即使他掉了饭粒，我也没有机会中断他吃饭了，因为他已经把饭粒迅速地扔进水桶里。这孩子竟用“抱着水桶吃饭”这一招对付我，还适应得挺快的嘛！

我寻思着这棵苗子又可以再“拔”一下了！于是，他吃饭的过程还是被我打断了。那只水桶被我送回了原位，他的托盘也被我撤了，只留给他一碗饭、一碟菜、一碗汤和一个勺子。我期望他舀的每一勺食物，都不会洒下来，而且能全部送进嘴里，逐渐学会控制动作，锻炼手眼协调能力。

为了吃上一顿饭，峰峰竟然发生了翻天覆地的改变。这让我想起了美国心理学家马斯洛提出的需求层次理论，其中的生理需求是人类第一层级的需求，也是最本能的需求。重度智力障碍儿童的自我意识较弱，因此抓住“生理需求”这一点是激发其动机、巩固其行为的关键。不管是哪一类智力障碍儿童，其言行的背后一定隐藏着某个“需求点”，在比对中让其“感受性”有所增强，就等于抓住了特殊教育的“命门”。

五年后，峰峰毕业了，他学会了控制自己的动作，学会了主动参与重度班的教学活动，还学会了不少洗洗涮涮的清洁技能。课下，他对环境的关注度明显提升，教室哪里有垃圾，地板哪里湿了，都逃不过他那双黑豆般闪亮的眼睛。

专家点评

看到题目，也许有些读者会很好奇，是什么原因让一个孩子抱着水桶吃饭？是他的怪癖吗？慢慢看下去才发现不是，原来这“古怪”的行为，其实是孩子为了能舒舒服服吃饭而采取的对策。为什么吃个饭都不能“舒舒服服”？谭老师为什么要这么“折腾”、这么“狠心”？一开篇，就吸引着我们从故事中去寻找答案。

什么是重度班？重度班，顾名思义，是在特殊教育学校里以重度智力障碍儿童为主的班级，也包括孤独症儿童、脑瘫儿童和多重残障儿童。重度班的孩子智力程度偏低，适应能力极低，面容明显呆滞，需由他人照料日常生活，运动感觉功能极低，即使通过训练，也只能在下肢、手及颌的运动方面有所反应。

什么是用餐课？用餐课是特殊教育学校里开的一门学科，根据学生的生理需求设计，学生通过用餐课的学习，能够知道自己的进食需求，与老师进行简单的互动，自觉遵守规则，获取所需的餐具。当我们了解到重度班学生的智力特点和适应行为特点，就能明白这个用餐课是多么了不起，是多么优秀的校本课程！它的了不起在于真正撬动了重度班学生的内驱力，而不再是流于表面的“教”，从一定程度上改变了“智力障碍儿童的教育只有教的过程，没有教的结果”。

一直以来，特殊教育学校的课程和教材的设置都比较偏向轻度智力障碍儿童。同时，为轻度智力障碍儿童设置的课程并不适用于中重度智力障碍儿童的发展需要，而现在特殊教育学校占绝大多数的都是中重度智力障碍儿童。很多智力障碍儿童，尤其是中重度智力障碍儿童经过多年的学校教育后，生活自理能力基本没有太多变化，很多仍然不能自理，身边长期离不开人，很难进行基本的社会互动，给自身、家庭和社区造成比较沉重的负担。

谭老师懂得抓住特殊教育的“命门”。一个原先随心所欲的重度智力障碍儿童，学会了认真观察、思考，为了能舒服吃上一顿饭，硬是改变了自己的行为习惯，学会了良好的进餐礼仪，还能想那么多“招数”来“对付”老师。当孩子饿了，他们身体的血糖含量就会下降，这时孩子就会有明显的饥饿感，这种感受会驱动孩子去寻找食物。虽然重度智力障碍儿童的自我意识较弱，但基本生理需求是有的，因此抓住“生理需求点”是激发其动机、巩固其行为的关键！同时谭老师也告诉我们，其实不管是哪一类儿童，其言行的背后一定隐藏着某个“需求点”，在比对中让孩子的“感受性”有所增强，就等于抓住了特殊教育的“命门”。

谭老师善于利用学生的最近发展区进行教学。中重度智力障碍儿童是难教，但不是教不了，是我们没有找准切入点。谭老师在这里教了我们两招。第一招，在恰当的时候让孩子“不舒服”，也就是要打破孩子的平衡。只有打破平衡才有机会切入，不破不立。孩子吃得开心时，老师却不让他那么开心，这是狠心吗？不是，因为孩子的开心建立于狼狈邋遢之上，这样不是理想的状态，所以，他想吃得舒服，就必须遵守用餐礼仪，通过吃饭来巩固行为。第二招，把量身定制的目标逐渐拔高。我们可以看到第一阶段谭老师的要求是“排队等候，识别食物，表达需求”，没那么容易让孩子吃到饭，同时让孩子能忍耐、懂轮候、学表达，这些其实都是立足于孩子未来品质培养。第二阶段谭老师要求学生吃干净，吃不干净就要被老师“捣乱”，想要吃得舒舒服服、没人捣乱，就必须要吃得干净、随时收拾。第三阶段是更高级的控制，从洒了饭菜知道捡到桶里，到“舀的每一勺食物，都不会洒下来，而且能全部送进嘴里”。谭老师也没停止思考，于是，峰峰痛快的吃饭过程还是“被我打断了”。没有水桶没有托盘，“只留给他一碗饭、一碟菜、一碗汤和一个勺子”。老师期望他能“逐渐学会控制动作，锻炼手眼协调能力”。就这样，孩子的潜能一步步被开发，能力一步步被推进，一个原本自理能力较差的重度智力障碍儿童逐渐成了一个具备一定生活自理能力的人！

害怕上下楼梯的稀稀

刘淑芬

稀稀，男孩
7 岁
智力障碍

你听说过一个原本会上下楼梯的孩子，在暑假过后，就害怕上下楼梯的事吗？初次听到这事时，我觉得匪夷所思。

故事得从 2012 年 8 月底的一次新生家访说起。当时，我和王老师来到稀稀家里，刚一进门，我们的心里就有点诧异。稀稀家要经过一段小巷子才能到，房子很小，看上去还不够 50 平方米，有两层，在客厅旁有一架小梯子，他爸妈就是通过这小梯子上到二楼。这么小的地方，要住三代五口人，确实很拥挤。

听稀稀妈妈介绍，放暑假时，稀稀只能整天跟着爷爷奶奶，日常活动主要集中在一楼。上幼儿园时，他就学会了上下楼梯，可是每次放完暑假，再回到幼儿园时，他又不会上下楼梯了，也特别害怕上下楼梯。新学期开始，他又需要重新学习，要经过一段时间的训练后，才慢慢学会上下楼梯。这样的事情每年都在发生着。

2012 年 9 月 5 日，新生第一天到校，我特别观察了稀稀的一举一动。在教室里，他一切正常，没有哭闹，也没有出现特别害怕的情绪。中午放学，稀稀在楼梯前不断往后缩，摇手说："不好，不好！"果然，正如稀稀妈妈所说的那样，一个假期过去他就忘记怎么上下楼梯了。此时，我只好伸出手，笑着对他说："老师带着你走。"看到我伸出的手，他开始时还有所迟疑，当他看到我一脸的微笑时，心情放松了些，开始愿意拉着我的手了。当时，我能明显地感受到他用力地抓着我的手，我也能明显体会到他那种发自内心的紧张和害怕。

刚准备下楼梯时，他在第一个阶梯就站住不走了，然后看着我。我蒙了，心想：他真的把上下楼梯忘得一干二净了吗？我一边用手轻抬起他的一只脚，教他抬起脚下一个阶梯，一边说着："抬起脚，下来……很好……换另一只脚……"就这样，我带着他两步一个阶梯地走到了一楼。带他走完这层楼梯，我如释重负，松了一口气。

大约有一周的时间，我都是这样教他"两步一阶"地上下楼梯。某天，我和稀稀说："你很棒哦，会上下楼梯。现在跟着老师这样走，一步一阶，两脚交替走，试一下，好吗？"稀稀点了点头。我一步一步地示范、提示，他一步一步地学。开始时，他走得特别慢，所以我特意让他最后走。有时他也会忘记动作，两只脚站在一个阶梯上，定了很久，一脸蒙地看着我。他嘴上虽没说什么，但那样子却像在说："老师，现在该怎样走？我不会。"那时，我又会在旁边用手轻抬他的脚，告诉他用这只脚。

就这样，每次上下楼梯，我和王老师都会特意把他留在最后一个，陪着他一步一阶地走，偶尔帮一下他，或是提醒一下他。慢慢地，我们发现他学会了用双脚交替上下楼梯。可问题又出现了，第二年的暑假又要到了，我们都担心在暑假结束后，稀稀会不会又害怕上下楼梯了呢？为了避免出现这样的情况，我们和稀稀妈妈沟通，让她在暑期里每隔一天带稀稀去有楼梯的地方玩耍，去公园散步等。

过了一个暑假，带着担忧的我们迎来稀稀返校。课间操时间，在下楼梯前，我特意走在他的身旁，悄悄地看着他。他很自然，很开心地跟着同学下楼梯。有时，他还是会双脚站在一个阶梯上，但我没有叫他，由着他走，因为没有害怕上下楼梯就是一个好的开始。

课间操后上楼梯，为了避免引起稀稀的紧张，我故意对着全班同学说："上楼梯，要两脚交替走，还要轻轻地走。"当同学们开始上楼梯时，我还是故作不经意地走在稀稀的身旁，跟着他一起上楼梯。他没有双脚交替走时，我就边示范边轻声说："跟老师这样走。"他听懂了，学着我走。

现在回想起来，我已不知道和稀稀一起走过多少次楼梯，也记不起他什么时候完全学会双脚交替上下楼梯。时时事事都是教育，我想，对于特殊需要儿童来说，更是如此！

专家点评

看到这篇文章的题目和开头，我们在想，这是不是一个脑瘫儿童呢？因为脑瘫儿童动作不协调，重心不稳，肌张力过高或过低，很多在行走和跨越等基本能力上有障碍。但稀稀并不是一个脑瘫儿童，难怪刘老师觉得“匪夷所思”。确实，一般来说，运动记忆是以身体的运动状态或动作形象为内容的记忆，一种动作一旦学会、一经记住，则容易保持，不易遗忘。比如我们学会了骑自行车、游泳、打球等运动，即使过很长时间也不会忘记。这是因为主管运动的小脑对肌肉运动有反馈调节，通过小脑“反馈”记住的动作，经过很长时间都不会忘记，它不限于躯干、四肢等大肌肉运动，还包括身体局部肌肉精细机能的运动。

正因为家访中遇到这种“匪夷所思”的问题，让刘老师有所准备，开始做个有心人！

遇到问题先定性，判断事情的性质，既然确定了可能不是脑瘫儿童的常规问题，那么对稀稀必定不能采用针对脑瘫儿童的那种康复训练，因为孩子并不是学不会，而是孩子已经学会了，但环境的改变导致后来又不会了。刘老师明白，这并不是要用什么独特的方法或技巧去解决，而是需要老师润物细无声般用心陪伴，将孩子的需要装在心中，从生理上、心理上给予孩子双重的支持，打消他的疑虑，消除他的害怕，让他变得勇敢，最重要的是通过这一系列的支持让他“恢复记忆”。

稀稀本来就是新生，刚到陌生环境，而上下楼梯这件事又是他经过暑假之后最难过去的一个坎，估计在幼儿园的几年里都是这样反复，是个“硬伤”。刘老师将这个技能训练融入校园一点一滴的日常生活中，这是非常巧妙的一个处理，有时候教育就是“踏雪无痕”。刘老师假装什么都不知道，就像教一个学龄前孩子学走路、上下楼梯，让孩子感觉到温暖、安心，放心将手交给老师，勇敢地迈出脚步，从两步一阶到一步一阶，稀稀如幼童般“学会”了走楼梯。

虽然这个过程并不是一帆风顺，却在老师无时无刻的陪伴下无惊无险地完成了，这可能就是特殊教育最日常的写照。从孩子学会双脚交替上下楼梯，再经过漫长的暑假，到开学后真正地巩固，在这个过程中，老师已不知道和孩子一起走过多少次楼梯，也记不起他什么时候完全学会上下楼梯，又是什么时候真正“记”住了双脚交替上下楼梯，仿佛孩子是在陪伴中不知不觉学会的。

刘老师还有两点非常值得我们学习。

一是立足孩子未来。刘老师对孩子的学习有全方位的掌控，上下楼梯是一个人在日常生活中必须用到的技能，孩子学会这个技能之后，刘老师也没有放松，而是心中装着孩子，有教育、有训练、有巩固，同时也有回访、有跟进……先是放暑假时向家长提出要求，再等到新学年孩子回校，老师时刻处于观察和备战状态，但老师表面上依旧云淡风轻，只为让孩子顺利过渡。

二是注重家庭教育。老师不是万能的，也不可能陪伴孩子终身，稀稀这种情况有可能还会“退化”，一定要结合家庭和社区，结合孩子平时生活的“微观系统”去做工作。其实从家访开始，刘老师已经透露出一种担忧。父母迫于生计，只能长期让老人带孩子，孩子只能在一楼生活，硬生生让孩子爬楼梯的技能“退化”，而且这种现实可能也无法在短时间内改变，那怎么办？唯有跟家长做工作，让他们明白基本生活技能的重要性，再帮家长找到解决办法，比如家里不好训练就将眼光投向室外，找合适的替代，如去有楼梯的地方玩耍、去公园散步等。这样就保证了稀稀在生活自理能力方面的家庭训练。

不肯自己动手的铿铿

练海意

铿铿，男孩
7岁
智力障碍

铿铿是我们班上一个很可爱的孩子，长得白白的、瘦瘦小小的。新生刚入学时，铿铿也是最让我们担心的孩子，他极度不适应学校生活，缺乏安全感。午睡、晚睡时间几乎不睡觉，生活老师一离开去巡查，他就立马坐起来哭。不过，经过一段时间的训练，铿铿已经适应学校生活了，现在的铿铿是个“小话痨”，一直嘀嘀咕咕的。

适应问题这个主要矛盾解决了，很快次要矛盾——生活自理能力差的问题就被关注到了。铿铿常常有小情绪，推凳子时桌腿卡住凳腿会哭闹，拉链拉不上来会哭闹，走路时掉队了也会哭闹。他需要别人帮忙，他泪眼婆娑的时候也让人忍不住想要帮忙。忍不住帮完忙后，我又时常会后悔，为什么要“纵容”他的行为？这样他能成长吗？

铿铿哭闹时有个“经典”的行为——脱。一开始哭闹时，他的嘴里先哼哼几声，接着又跺脚把鞋子甩掉，再过一会儿又把袜子脱掉，最后把外套、裤子也脱了，先坐地上、再躺下，还倔强地看着你。一系列动作行云流水。我常常忍不住哄他，去帮他穿好衣服。这样的事情，几乎每天都在上演。后来我发现，铿铿平时在穿衣服、鞋子时是有意识的，嘴巴里会一直重复“穿穿穿”，但是他的动手能力很差，不能自己完成。

有一天，铿铿又因为推凳子时桌腿卡住了凳腿，开始闹情绪了，我心想：不能惯着他，让他自己解决！我期待着他完成一系列动作。他开始了！他跺脚了，然后脚一甩，把鞋子甩掉了，一会儿手一拉，把袜子也脱了。他见我还不理他，就坐到了地上，把衣服都脱了。我继续不理他，他躺下了，还倔强地看着我。

一切都按我的预想发展，我握了握自己的手，提醒自己坚持住，不能因为心软就去帮他穿好衣服。我抬了抬手，示意铿铿站起来。铿铿摇了摇头，眼泪都流出来了。看着他可怜的样子，我走过去蹲下，拉住他的手，几乎没用力他就站了起来。我把他的鞋子放在他的脚下，示意他穿好鞋子。

铿铿还是摇摇头，我依稀能辨别他是在说“不”。我依然很坚定地看着他说：“拿袜子。”铿铿依然盯着我，扭扭身体表达他的不情愿。我把他的袜子拿起来了一点，再示意铿铿拿。终于，铿铿拿起他的袜子。我说：“脚伸进去！”铿铿还是盯着我。他动了动脚趾，并没有抬起脚。我用手指点了点他的脚背，再重复了一次："伸进去。"等待了一会之后，他终于抬起脚，把脚伸进袜子里了，但是他的大脚趾和小脚趾却完美错过袜子口了。我想，他动起来了，还是有进步的，就先帮他把脚趾放进去吧。

接下来就是把袜子拉上去。铿铿一只手拉了拉袜子边，看着我，袜子还是松松垮垮地挂在脚尖上。"铿铿，用两只手拉！"我一边说，一边把他的手放在袜子两边上。铿铿又拉了拉，手指没有捏住，袜子脱开了。再来！我拉着铿铿的手用力拉，能感觉到他的手并没有用力。"用力拉！"铿铿还是没有顺利把袜子穿上，我拉着他的手把袜子穿上了。

穿好袜子之后，铿铿知道要穿鞋子了，他用手指着鞋子，念念叨叨："鞋……"我心想："你就是这么'提醒'家长帮你穿鞋的吗？反正现在我不代劳！"我也指了指鞋子说："穿！"铿铿也重复说："穿……"我说："把脚伸进去！"他眼睛眨了眨，稍稍动了下脚。我指了一下他的脚，又指了指鞋子，重复："伸进去。"这一次铿铿把脚伸进去了，但也只是踩住了鞋后跟。我把他的食指伸进鞋子里面，用力带着他的手拉了拉。铿铿说："卡住了！"我说："再拉一拉！"在几次努力后，终于把鞋后跟拉起来了！

每一次铿铿发脾气脱鞋子，我都坚持让他自己穿鞋子。虽然他还是时不时耍小脾气，但是脱鞋的次数变少了，穿鞋的速度变快了，需要的辅助变少了。我知道，这次从高到低的辅助教学法，即从半躯体辅助、语言辅助到无辅助的训练效果是很好的。现在，铿铿穿鞋的时候，嘴巴里会念叨着穿鞋的步骤："穿……拉……好了……"他还会在穿好鞋后站起来，蹦跶两下再落座。

铿铿是知道要自己穿鞋子的，也知道要先穿袜子再穿鞋，但是为什么他每次都不能自己穿呢？理由肯定不止一个。在这个过程中，铿铿的手指好像削葱根，细细的、嫩嫩的。他的手指不用力，也不能按需求用力握紧、伸直。班里的其他孩子也存在类似情况。家长的不忍心、老师的着急，让我们忍不住为他们代劳，最后导致他们不会用力，也不能自己解决问题。想要他们成长，就得“放手”。

专家点评

这是在特殊教育学校里一个常见的故事，练老师的叙述也很平淡，似乎没有什么大起大落。在这平淡的背后，正是特教老师日复一日地教育、支持、辅导、训练、辅助、反馈，才有了孩子点滴的进步。铿铿是一个很有代表性的特殊需要儿童，学校里这样的孩子随处可见。有吞咽困难、嘴唇闭合无力的孩子，他们用杯子喝水要很慢很慢，否则会溢出来；有腿部肌肉无力，或者肌张力太高或太低的孩子，他们没法平稳行走或自己上下楼梯；有手眼不协调的孩子，因为无法协调两手的动作，在任何时候只能一次拿一样东西……

如果说一个人适应社会的能力是一个金字塔，那么生活自理能力就是金字塔的底座，这个底座必须坚实，否则能力的金字塔难以建立，即使建立起来也会很快倒塌。所以生活自理能力是一直要坚持训练的技能。

练老师并不会溺爱学生，而是增强学生独立生活、进入社会的信心和勇气。练老师经历了一次心灵蜕变，自己也在不断地成长，也在不断地自省。之前练老师会心软，动不动就施以援手，可每天如此，就一定是对的吗？练老师也一直在观察和反思，发现孩子是有理解能力的。

重视意识和能力的培养

铿铿的情绪上来了，最大的表现就是“脱”，脱下容易穿上难，这是为什么？这该怎么办？我曾经有一段时间，一直在思考意识和能力的关系，在谈到一个高年级的特殊需要儿童的劳动教育时，大家会问劳动意识更重要还是劳动能力更重要。这里的铿铿似乎是有“穿”的意识，却没有“穿”的能力，比如：他会嘀嘀咕咕说着“穿”，这是鹦鹉学舌还是真的懂，大家不知道；他也会在没穿好时哭哭啼啼，这是一种情绪问题，还是一种求助的表达，大家也不清楚。从这个角度说，孩子的意识确实是有初级的萌芽，只是还不够完善。在很多特殊教育学校里，特教老师都非常注重技能的培养，忽略意识的培养，殊不知意识决定一个人的行为，它才是一个人的中央处理器，会指挥人的动作、行为和表达。当然，光有意识不行，手、眼、脚也要经过长期的康复训练，否则无法支撑基本的生活。在这里，铿铿显然是能力不足的。不过比较好的是，他有初步的意识萌芽，那么老师就只需要狠下心来，帮助他一边加强生活自理的意识，一边坚持提升动作技能的训练就好了！

提供足够支持，但不轻易代劳

练老师最大的变化和进步是不再完全代劳，而是给孩子提供足够的支持。从文章的描述来看，我们能想象到练老师使用的支持方法是多样的，也是循序渐进、逐步脱敏的。促进法，是用来在适宜的时间里提高完成正确行为的可能性。一般来说，第一级是言语促进，相当于老师的口语指导；第二级是姿势促进，相当于姿势或躯体动作的暗示；第三级是示范促进，也就是演示，能让孩子观察并模仿；第四级是躯体促进，相当于我们说的“手把手来教”，是个别辅导当中提供的最大支持。正如练老师说的“从高到低的辅助教学法”，即从半躯体辅助、语言辅助到无辅助，孩子终于学会了自己穿鞋！文中多次提到孩子的手“无力”，连拉扯一双袜子都没法做到，特殊教育学校还有不少这样的孩子，连拿起水杯喝水都“无力”，用勺子都“无力”。这份“无力”要变得有力，就必须要家长和老师适当放手，就必须让孩子的意识和能力得到双提升，一方面加强孩子各种意识的培养，一方面加强孩子动作的训练，最后让孩子既能想到也能做到，他们才能真正独立生活，才有可能真正进入社会。

用 15 分钟教 12 岁男孩提裤子

郑安蓉

小圆，男孩
12 岁
重度发育迟缓

那天，我被派去四（1）班做助教老师。课间，主班老师林老师询问了小圆 3 次要不要上厕所，他毫无反应。林老师只好用手扶着小圆的肩膀，将他转向门口的方向，并示意他往前走。他似乎理解了老师的用意，拖着脚步向门口移去，走到门口，又迟疑地停下，似乎不知道老师到底要他干什么。我让林老师歇着，把小圆带出教室，指着 50 米外的厕所让他看。在走走停停的踟蹰中，他看到了厕所大门，这时，他的脸上露出了一丝微笑，终于不再迟疑，走了进去。

之前听班主任苏老师简单介绍过，小圆在妈妈肚子里时就有脑积水的问题，出生时又是早产儿，体重超轻，在保温箱中住了很久，妈妈也没料到孩子能存活。他在班里属于能力最弱的那一类，但我很诧异小圆的能力会弱到对如此简单的指令都难以执行——他到底有没有上厕所的需求？如果没有，为什么不能用言语表示拒绝？他是有简单语言功能的呀！我在路边等了七八分钟，直到快上课了还没见他出来，我只能叫另一个男孩到厕所里找他。那个男孩玩得正欢，被我委托后有点不情愿地起身去厕所找人。

我继续等在路边，身处炽热阳光的炙烤之下，心里犹豫着是否应该亲自去找小圆。几分钟后，男孩出现在路边，还是一个人。我迎上前问："小圆呢？"他不理我，自顾自地蹦蹦跳跳着跑回教室去了。没办法，我只好走到男厕门口探头张望，另一个之前就来上厕所的孩子正堵着某个蹲坑哈哈大笑，好像在讥笑着谁。

我猜小圆没带卫生纸，程序完不成就一直蹲着不出来，于是就去旁边女厕拿了一些卫生纸，返身进男厕。那个大笑的孩子正要溜出门口，被我一把抓住："把纸给小圆送过去！"他走过去，继续对着蹲坑大笑："哈哈哈，小圆上厕所……"卫生纸被他攥成了纸疙瘩握在手里。我只得走过去催促："把卫生纸给小圆！"他丝毫不理会我的要求，握着卫生纸跑走了。

我伸头一看，抽水马桶的水箱旁边，赫然挂着一筒卷纸！小圆是不懂得拿，还是不懂得折？小圆面朝里，几乎以便池边缘为支点蹲在地上，校服下摆垂下来遮住了便池。我问："上完厕所了吗？"小圆一如既往地不回应。我拉着他站起来，他的内裤和外裤胡乱裹在脚踝处，便坑里没有一点排泄过的痕迹，他木木地站着，没有一点要提裤子的意思。我忍不住问他：“蹲这么久，你有没有上厕所？”他终于回应了一下：“没有。”我更疑惑了，他不想上厕所的话为什么不知道站起来？难道每一个动作都要别人来安排他才能做吗？

“把裤子提起来。”我要求小圆。他仍站着，手臂软软地垂着，眼神越过我的脸，落在我脖子以下——无对视，无注意。我只好拉他的手臂向下去碰触裤子，他终于用上一点力，捏住了外裤的一部分，试着往上扯。校服外裤被拉到膝盖，内裤依然卷在脚踝处。“不对！先提内裤！”他依然抓着校裤，没有要去提内裤的意思。做这些动作的时候，他的眼神不会跟着手部移动，头始终仰着，茫然盯着对面，也没看我。难道他触觉失灵，感觉不到内裤箍在脚踝上吗？我深吸一口气——不能任由他这样夹着双腿走进课堂，但我也暗下决心，无论如何也不要替他提裤子。

我把他拽到厕所的大镜子前，指着镜子让他看：“不是这条，是下面的内裤，红色的——看！”他的眼睛依旧空洞无神，只是瞪着镜子，没有往下看。红色内裤因为刚才的走动都快掉到脚背上了，而他抓住的依旧是蓝色的外裤皮筋，正徒劳地往上扯。红蓝两色如此泾渭分明，他怎么就看不到呢？这个孩子可能不懂什么叫“下面”，什么是“红色”，也许他根本就没有自己穿过裤子。他的眼睛继续空洞地瞪着，仿佛这裤子跟他无关，眼前的老师跟他无关。

僵持了几分钟，我只好放弃，决定换个指令，让他把外裤脱下去。他显然不明白为什么刚才我还要求他提起裤子而现在要他把裤子脱下去，我动手帮他理解什么叫放手。裤子掉下去了，遮住了红色底裤。此时我再要求他："抓住内裤！"我牵引他的手从橡皮筋处探进去。他胡乱捏住了裤子，值得庆幸的是他抓住了红色那条。这时他又在试图抓扯外裤的皮筋了，一次性把两条裤子提起来的成功概率是零，不能让他继续下去。我连叫了 4 次都没用，最终还是用手捏着他的手腕做了一个上提的动作。他终于照做了，左手奋力地往上扯，棉质布料带着极大的弹性，被他扯得绷直成一个尖尖的三角形——从蹲坑上站起来到现在，他的右手始终像长在别人身上一样垂在身体的另一侧。我点他的右手："用两只手提。"终于让他明白了什么是两只手都要参与。此时，内裤终于成功地被提到腰部以上，上衣下摆被裹进了橡皮筋里，两个裤腿边缘部分死死勒住衣襟，呈现出夸张的拱桥弧度——他感觉不到腹股沟被勒得极度不适，而本该被遮住的隐私部位也暴露着。我喉咙干得要冒火："把衣服下摆抽出来。"这回，他终于看向我指定的镜子里面了，扯出下摆的过程顺利了许多，只花了一分钟，看着也顺眼了不少。至于上衣后摆还塞在内裤里等瑕疵，我决定忽略。

最艰难的部分过去了，他终于"独立"地提上了内裤和外裤。我看了看表，只过去了 15 分钟的时间，我的心情却跟跑了一场马拉松一样。我心里一直在问，到底是什么原因，造成一个 12 岁的男孩还不会提裤子？到底他身边的人是如何对待他，致使他连吃喝拉撒这样的事情都需要别人一步一个指令来说明？如果换一种教育方式，他会不会不是这样？

在这漫长的12年中，他的长辈应该有过要教他些什么的尝试。但当遇到需要不断重复“15分钟”甚至更长的时间才能教会一丁点儿技能的时候，他们估计在第5分钟时就放弃了。可以想见，他们帮他做好了一切：把饭碗端到他面前，甚至喂进他的嘴里，不管他饿不饿；帮他穿得整洁体面，绝不会出现后襟掖在内裤里、前裆扭到侧边之类的狼狈样；他们习惯了他的不回应，所以不再询问，帮他决定，帮他做好一切，这样既不会为难他，也不会为难自己，大家都轻松。他们准备照顾这个孩子直至自己需要与孩子分离，10年，20年，30年……对老师来说是孩子毕业的那一天，对长辈来说是先于他离开这个世界的那一天。

但我又立即开始检讨自己的严苛。生活不仅仅是提裤子——吃穿住行、集体生活，琐碎繁复，如果每一个小技能的教授都要用上无数个15分钟，他的父母还要不要自己的生活？老师还要不要管理其他小朋友？对中重度智力障碍儿童来说，教育是奢侈的，它需要时间、金钱、人力、物力。教育也不是万能的，即便我们为孩子付出这些奢侈的成本，没有坚定的信念，又如何能找得到适当的方法？而方法才是教育成效的“七寸”。我相信小圆的老师和家长们也做过无数次的尝试。就连我，在这15分钟里，也不止一次犹豫过，想着帮他提上裤子算了。我一周才来他们班做助教老师一次，每次一个小时，他不可能每次都会去厕所，我要帮他提裤子的概率绝不比与他朝夕相处的老师高。但多年特教生涯养成的职业习惯让我不断坚持。他能独立行走，能吞咽，能拧水龙头，为什么就不能提裤子？我愿意相信，下一次他可能只花 14 分钟就能提起裤子，再下一次也许会是 13 分钟。又也许，我与小圆一周一次的僵持不会有明显的改变——但不试，怎么有成功的希望呢？

专家点评

这似乎是一篇没有给出答案的故事，表达的问题却是非常深刻的。

一个助教活动的小片段，将特殊需要儿童的康复训练中可能出现的包办代劳问题呈现出来，这样做，真的有可能带出一个没有自理能力的孩子。而郑老师直面问题，用她的专业进行分析，“他能独立行走，能吞咽，能拧水龙头”，给出了教育训练的可能，也就是说，这个孩子有运动能力，有肌肉力量，能控制精细动作，虽然可能能力很弱，但是他有这个能力！既然他有基础，假设这是一级的基础能力，在这个基础上如何给他一个小目标来训练，让他跳一跳就能够得着，让他训练后拥有二级的能力，再往上继续，达到三级的能力……

故事同时也呈现了特殊教育中的难点和痛点，她没有轻易给出答案，这也恰恰说明这个问题的难度。“助人自助的训练”并不是件轻松的事，助人的目的一定是指向“让别人实现自助”，这样，才是对一个人的尊重！这也是特殊教育应关注的问题。

这个问题表面看来似乎没有标准答案，但从字里行间中我们不难看到郑老师给我们的启迪。

一是要有坚定的信念。信念不是“做一天和尚撞一天钟”，信念是指我们坚信对事物的判断、观点或看法。我们相信每一个孩子在自己的基础上都能焕发出生命的光彩，都可以取得不同程度的进步，都有能力在别人的帮助下超越自己。

二是要有理性的态度。这要求我们既不盲目乐观，也不随意放弃。我们可以仔细分析孩子的能力，找到孩子的本质所在，既要想“他目前不能做到什么”，更要想“他目前能做到什么”，在这个基础上，才能制定相应的目标。

三是要有科学的精神。科学精神中的一点就是强调理性与实证性。坚持以科学的态度看待每一类特殊需要儿童的不同及本质特征，在孩子的问题上不能墨守成规，要具有批判和怀疑精神，以及实践、创造和探索的精神。

四是要有适当的方法。每个特殊需要儿童都是一个完全不同的生命个体，只有有了坚定的信念、理性的态度、科学的精神，才有可能找到适合这个孩子的教育方式和训练方法。就像文中的小圆，基础能力是有的，但是他显然没有任何的自理意识，而当老师明白了意识和能力的培养一定要齐头并进、相互结合时，只要假以时日，就一定能看到教育的成效。

有了特教老师深度的思考，特殊需要儿童才可能获得真正高质量的教育，他们未来的人生才可能更有质量。

二

问题行为篇

对于所谓的“问题行为”不要一概而论，有时某个行为表现过度，并不一定会对自己或他人造成影响。教学有法，教无定法，贵在得法，要在具体的情境中评判具体的行为。攻击、自伤、毁坏、逃避、自我刺激等行为已经在不同程度上影响着自身或他人；而邋遢、随地小便、随意吐痰、乱擦鼻涕等行为显然也不被大家所接受。人是社会性动物，一旦进入社会中，每个人必须考虑到他人的感受，把社会行为规范、准则内化为自己的行为标准，而不是随心所欲、无所顾忌，这是一个人参与社会交往的基础。所以，努力修正问题行为，可以帮助特殊需要儿童更好地进入社会。

我想带你触碰生命

牛路慧

梦梦，女孩
12 岁
智力障碍

“我要杀了娆娆爸爸！”

这句尖锐的话是从梦梦口中说出来的，源于她和娆娆之间发生的芝麻大的小事。

梦梦是一名特殊需要儿童，患有智力障碍，被诊断为二级智力残疾。由于其母亲也患有智力障碍，她基本由姥姥抚养长大，因此对姥姥充满依恋。

在班级里，梦梦擅长打扫卫生，学习兴趣浓厚且表现优异，对情绪的感知能力较强，与人交往的意愿强烈。但梦梦存在着一个让每位老师都十分头疼的行为，那就是若她获取了他人的联系方式，便会频繁给对方发消息或打电话。

梦梦和娆娆的冲突便源于此。

那天，梦梦要到了娆娆的联系方式，加了微信好友，然后就如同发现了新大陆，不停地给娆娆发消息，一直持续到晚上十点多，娆娆忍无可忍之下，把梦梦拉黑了。

第二天早上来到学校，梦梦便开始故意欺负娆娆，或是把娆娆的橡皮扔在地上，或是用桌子故意撞娆娆。在我对梦梦的行为进行制止并要求她向娆娆道歉后，梦梦突然说出了那句：“我要杀了娆娆爸爸！”

梦梦还笑着，眼睛挑衅地看着我。

娆娆是单亲家庭，和爸爸相依为命。

这句话给娆娆造成了伤害，也让我感到震惊，于是我选择暂缓处理她们之间的冲突，针对梦梦这句话提出了问题：“杀了一个人后，那个人就会死，对吗？”

梦梦和娆娆都点头。

“那什么是死呢？”

娆娆说：“一个人死了之后，我们就再也见不到他了。”

这时候，梦梦突然提问：“姥姥也会死吗？”

梦梦一脸茫然。

“会，每个人都会死，姥姥也会。”

“我不要姥姥死……”一瞬间，梦梦泪如雨下，豆大的泪珠从脸颊滑落，滴在桌子上。

刚刚还恶意满满的梦梦陡然成了最无助的孩子。

“就像你不想让姥姥死，娆娆也不想让爸爸死，你杀了娆娆的爸爸，她的爸爸就会死。”我狠下心，尝试用梦梦能听懂的话让她感同身受，理解死亡。

梦梦这时却陷在了情绪中，抽抽噎噎地说：“姥姥死了……我也去死……”

“不可以，生命是我们最宝贵的东西。即使我们最重要的人死了，我们也要好好活下去。”

梦梦却问道：“如果你妈妈死了呢？”

“那我也得好好活着，我们不是为了谁而活，我们是为了自己活着。”

见梦梦对这些话似懂非懂，我打开了班级多媒体设备，搜寻“死亡教育”的话题，匆忙之中，只找到有声绘本《小伤疤》。绘本里提到了生离死别，在听绘本的过程中，梦梦一直很抵触，说着：“我不要听，我不想看（与）死亡（有关的东西）……”她本能地抗拒着。

之后的某天，梦梦拿着古诗书让我读给她听，诗中正巧也包含生离死别。读完后，我告诉梦梦，诗里讲的是一个少年在十五岁时就去打仗，等到很老很老的时候才回到了家，这时候家里的人都去世了，他做好了饭也不知道喊谁来吃，感到非常伤心。

梦梦听得很认真，问道：“为什么他家里人都死了？”

“因为过去了太多年，他家里人活不了这么久。”

梦梦拿着书跑走了，不愿意再听。

未知生，焉知死。我不再要求梦梦直面死亡。

连绵阴雨后，天空终于转晴，温热的阳光照在身上，绵绵软软，让人忍不住闭上眼睛感受。梦梦站在阴影里问我在做什么，我答道："晒太阳啊，你也来试试，很舒服的。"梦梦与我一同沐浴在阳光下，我偏头对她说："活着真好是不是？"梦梦问为什么。"可以晒太阳，很舒服啊……"

春的脚步声临近，绿意鲜嫩柔软，我让梦梦摸一摸新生的叶面，问她是什么感觉。她答："软软的，凉凉的。"我跟她说这是经过严冬后重新焕发的生命，梦梦想要把叶子揪下来，被我拦住："它们会痛的。"

清明前后，牡丹次第开放，或蓓蕾初绽，或花开如斗，色彩鲜艳，争奇斗艳。高高的树枝上鸟鸣清脆，婉转成歌。春游过程中，梦梦欣赏着春色，叽叽喳喳地说着话，和鸟的啼叫相映成趣。"我喜欢在外面，要是能天天这样就好了！"我插了一句："好好活着我们才能看到这些，还有更多好看好玩好吃的等着我们去体验，你要不要好好活着？"梦梦不假思索地回答："当然了！"

死亡是一个过于沉重的话题，却是我们每个人迟早要经历的事情，不可回避。梦梦也一样。不够成熟的心智和对姥姥过深的感情让梦梦不愿去了解死亡，那么我就以生命的鲜活唤醒她对生活的热爱。如果姥姥去世的那天真的到来，我希望梦梦不是如她所说的那样放弃生命，而是好好活着。

对于存在智力障碍的孩子而言，即使难以理解死亡和生命，但在他们精神的触须碰触到相关话题时，我还是想引导他们探寻更深层的内容，期待他们感受、体会、敬重生命。

专家点评

牛老师的小故事让人眼前一亮！这份意识和勇气在特教老师当中不多见，让特殊需要儿童学会自我保护，建立安全观念，这个教育任务都不容易完成！死亡和生命，对于存在智力障碍的孩子来说确实是不易触碰的话题，但在这个故事里开始有了一点点的尝试，就像牛老师说的，“我想带你触碰生命”。

我曾经连续3年组织全校班主任和家长在清明节期间完成两个小任务，即节前的专题教育和节后的问卷。

节前的专题教育主要集中在规范教育和安全教育上：规范教育包括如何守规矩、如何跟好大人、如何拜祭等；安全教育包括防火、防走失、防暴饮暴食等，也就是消防安全、人身安全、交通安全、饮食安全等。

节后的问卷着重了解孩子们是如何理解死亡的。于是，返校后我去找孩子们了解，他们的回答五花八门：有的说人死后像植物一样不会动；有的会一本正经地告诉我说人死了之后会一直睡，不会醒；还有的说“永远都不可以食”，意思是永远都不能吃东西了。这些回答还是出自智力障碍程度比较轻的孩子，而绝大部分孩子是一片茫然。

敢于向难度挑战，尝试突破极限

这里的极限，指的是专业极限，就像我们说很多智力障碍儿童不懂什么是“偷”一样，当他不理解“不问自取便是偷”

的时候，是难以做到自我控制的。

中重度智力障碍的孩子难以理解，是因为他们绝大多数是通过第一信号系统的刺激来学习的。巴甫洛夫认为，从本质上可将条件刺激区分为两大类：一类是现实的具体的刺激，如声、光、电、味等刺激，称为第一信号；另一类是抽象刺激，即语言文字，称为第二信号。

比如“死亡”这个事情其实是看不见摸不着的，可以说是抽象的语言文字刺激，属于第二信号，而不是具体的形象的刺激，和“闻到味道好香啊”“吃到嘴里很好吃”“打我感觉很痛”等描述完全不在一个层级。

这里的梦梦，从描述来看是不具备理解“死亡”的智力水平的，但在牛老师的眼里却是一个“擅长打扫卫生，学习兴趣浓厚且表现优异，对情绪的感知能力较强，与人交往意愿强烈”的孩子，说明牛老师对孩子的观察非常细致，而梦梦“对情绪的感知能力较强，与人交往意愿强烈”的特点也正是帮助她理解死亡的一个基础。

塑造安全观念，相机而教

在我国正式颁布实施的《中华人民共和国家庭教育促进法》中，九种家庭教育方法里的第三种是相机而教，指的是在平时的生活中，可以随时随地抓住看到的、遇到的事和物，对孩子进行相应的教育。所谓“遇物而诲，相机而教”，这里的牛老师也做到了，是非常值得我们学习的！对于中重度智力障碍的孩子，最好的方式是在生活中教育。孩子理解不了，我们就努力帮助孩子去理解；意识到孩子可能出现的安全隐患，我们努力去规避；对可能到来的矛盾冲突，我们努力去预防。

牛老师一直不间断地想尽各种办法去引导，注意轻重缓急，有思考，有选择，张弛有度。当孩子冒出了一句“我要杀了娆娆爸爸”这样让人震惊的话，牛老师预见到存在的安全隐患。此时牛老师选择暂缓处理她们之间的小冲突，引导孩子思考这件事如果发生会有什么样的严重后果。

几番对话后，牛老师引导孩子想到自己的姥姥，从而触动到孩子，再尝试用孩子能听懂的话让她感同身受，理解死亡。当孩子陷在了情绪中，再告诉孩子如何正确看待和面对死亡。

之后，牛老师打开了班级多媒体，搜寻“死亡教育”的话题，找到有声绘本《小伤疤》，绘本提到了生离死别，试图在故事中慢慢引导；之后带孩子一起晒太阳，感受阳光沐浴的舒适；还带孩子摸一摸新生的叶面，告诉她把叶子揪下来“它们会痛的”。

直到在春游过程中，孩子的回答让老师稍稍放心——“我喜欢在外面，要是能天天这样就好了！”当老师说：“好好活着我们才能看到这些，还有更多好看好玩好吃的等着我们去体验，你要不要好好活着？”梦梦不假思索地回答：“当然了！”

我们看到，冬去春来，这件事情就种在了老师的心里，它成了老师心中独特的感悟与追求，也成就了孩子对生命的感悟。

打人的代价

童　莉

芝芝，女孩
10 岁
智力障碍

一天，芝芝打了洪洪，洪洪的眼角下方被抓出了一条红线。洪洪哭着找到我，指着伤口，再指着芝芝，我就明白了。芝芝承认得很干脆，那么，我该怎么解决呢?

我坐在凳子上，他们两个站在我旁边，望着下边七嘴八舌的同学，我抛出了这样的疑问:“同学们，芝芝打了洪洪，你们觉得该怎么办？”有人说告诉老师，有人说告诉家长，更多的人在说芝芝还打过谁。是的，班主任用尽了各种办法教育她，但她仍然听不进，还是会打人。这时，我想起之前看的《怎样观课议课》这本书讲到，观察你上课的过程就是看你如何解决问题的过程，你如何使学生平静，如何处理各种可能出现的问题。在这种认知的影响下，我开始思考自己如何处理当下的问题，从而有了理性的想法。

学生们还在议论，突然有个学生提到警察，我立刻有了思路。学生们非常喜欢《汪汪队立大功》这部动画片，还经常自主成立营救小分队，抓坏蛋。我问学生们队长是谁，同时召集了两个小“警察”，任命了一个“法官”，组织学生把教室布置成法庭的样子。开始审问了，芝芝坐在教室中间，其他人坐成一排，七嘴八舌地讨论。我站在一旁，静静观察。他们有的激动地站起来，用手指着芝芝问她为什么要打人；有的要求芝芝赔医药费；有的在维持秩序……而芝芝呢？她的双手扣在腹部，细眉微蹙，嘴唇紧紧闭着，盯着同学们的一举一动，不发一言，不挪一步。这样下去也不行啊，怎样才能让学生们关注到打人的后果很严重呢？我看到洪洪一直用手摸着那条指甲印，于是，我说：“洪洪的伤口那么深，还没有处理呢？得用酒精消毒啊。”同学们陷入僵局的盘问一下子被打破了，开始沿着处理伤口的思路讨论起来。大家一致决定让芝芝去借碘伏和棉签，但芝芝仍愣着不动。于是，“警察”采取了“强制”措施，一人一边“押解”着她，和“卫生员”一起去借碘伏、棉签。

几经波折，消毒工具终于准备齐全。我教会“卫生员”如何用碘伏处理伤口，芝芝站在旁边协助，递棉签、纸巾，处理垃圾。

快下课了，我让大家都回到了座位上，到这里就结束了吗？我心里始终觉得还应该做点什么……对，我打开电脑，搜索了法治频道，播放了一个法官审问犯罪嫌疑人的现场视频，同学们果然非常激动。我用余光不时观察芝芝的反应，她目不转睛地盯着视频，紧闭的双唇渐渐张大，瞪圆的双眼和不安的双手让我在心中有了准确的答案……最后，我对同学们说："芝芝把别人抓伤了，是要'赔钱'的，今天芝芝获得的代币，要全部'赔偿'给洪洪，两个'警察'要负责监督。"

下一节课的老师来了，我和她进行了简单的交接。下午放学后，她告诉我兑换零食的时候，芝芝非常不愿意交出代币，在大家的监督下才拿给了洪洪。

以前，芝芝打了别人，都是找班主任或家长解决的，这些办法之所以没有杜绝她的不良行为，是因为他人为她承担了后果，她根本没有尝到打人的"苦头"，或者说体会还不够深刻。智力障碍儿童的问题行为，在处理方式上讲究针对性，要找到他的痛点、在意点，再下功夫。

这次事件的处理过程主要有四个步骤：组织模拟法庭，处理伤口，播放警示视频，提出打人的赔偿方式。因为是第一次用这种方式处理学生问题，我不确定能否达到理想的教育效果，只能在接下来的日子里观察芝芝，看她是否再伤人或是伤人的频率是否降低。

事后，我又进行了更深一层的反思。

杜威说："学校即社会。"我想，作为一个人，作为一个社会的个体，即便是特殊需要儿童，也不可能脱离社会而存在。以人的属性存在于社会，行为便会受到社会规则的约束。当下，我们提倡融合教育，特殊需要儿童融入社会是特殊教育的重要方向。我们作为特殊教育的实施者，必须从社会适应的角度来培养特殊需要儿童，尽早地帮助他们了解和建立作为社会人必须掌握的规范和原则，这是他们获得尊严、平等享受社会公平待遇的重要前提。

专家点评

童老师的这篇故事很有趣，很有画面感：有“审判长”的老师，有“原告”和“被告”，有七嘴八舌的“陪审员”，也有负责任的“小警察”，还有旁听的“家属”和“群众”……角度非常独特。

其实，关于模拟法庭这件事，在普通学校尤其是大学阶段的法学院早已被广泛采用，对于法学院来说，模拟法庭是法律实践性教学的重要方式。模拟法庭通过案情分析、角色划分、法律文书准备、预演、正式开庭等环节模拟刑事、民事、行政审判及仲裁的过程。而校园法庭是一种介于法庭和辩论比赛之间的形式。它的作用与法庭类似，主要用于处理校园内的纠纷与矛盾，校园法庭不仅给了学生一个自由发挥的空间，还能够减轻老师的工作负担，甚至很多需要老师煞费苦心的事情就通过这种方式解决，学生对学校有什么建议也可以在校园法庭上提出来。

在特殊教育学校，面对一群理解能力不是那么强的特殊需要儿童，模拟法庭对教育的意义可能更深远。老师从孩子们喜爱的动画片入手，组织模拟法庭，取得了不错的效果，这说明了几点：

1. 童老师很了解学生，这和她平时的用心观察是分不开的。

2. 童老师有教育智慧，我们看到，这不是一早计划好的，而是“临时起意”。同学们还在议论，突然有个学生提到警察，她就立刻有了思路，这和她平时的积累是分不开的。

3. 童老师有深度思考。对于教师和家长来说，考虑学生的问题行为，容易从现有的障碍出发，先入为主地为其解释发生的原因，从而淡化了问题本身。大部分学生的不良行为之所以一直未得到纠正，是因为一直有外在的力量为其承担行为的后果，最后情况越来越严重。

4. 童老师有教育要求，面对芝芝这样的行为，马上“召集了两个小‘警察’，任命了一个‘法官’，组织学生把教室布置成法庭的样子”。如何给特殊需要儿童建立概念，最好的时机就是在事情发生时，这是宝贵的教育契机。孩子一旦形成了概念，就会减少打人的次数，因为他知道，打人了要受到惩戒，要承担责任，而这个惩戒是让他不舒服的。

怎样才是有效惩戒？模拟法庭对芝芝来说，到底有没有效果呢？

我们来看文中的描述——“而芝芝呢？她的双手扣在腹部，细眉微蹙，嘴唇紧紧闭着，盯着同学们的一举一动，不发一言，不挪一步”，其实这里孩子已经以她自己的方式在“保持沉默”了，也没那么躁动了，说明这些做法让她感觉到了“不舒服”。如果我们的做法让孩子感觉到了“不舒服”，就已经完成了有效惩戒的第一步。

“大家一致决定让芝芝去借碘伏和棉签，但芝芝仍愣着不动……芝芝站在旁边协助，递棉签、纸巾，处理垃圾”，这时的芝芝虽然不情愿不肯动，但被“警察”押着，也不得不配合，不敢抗拒。只要孩子能配合，就可以继续下去，这也说明达到了一定效果。

这时到了第三个阶段，老师播放了审判法庭的视频，继续“添了一把柴”，“威慑”了一下，到这里还不算完，因为最后童老师是要说话算数的，要兑现承诺，那就是“民事赔偿”，虽然芝芝非常不愿意交出代币，但是她最后还是拿给了洪洪，目的达到了一半！同时，芝芝没有哭闹、大叫或进行破坏，也就是我们平时说的在代币制中被扣除之后的“反应代价”没有发生。至此，我们基本可以认定，惩戒这件事完成了一大半，是有效果的。

同时，童老师也非常清醒地认识到这不算全部完成惩戒，因为是第一次用这种方式处理学生问题，不确定是否能达到理想的教育效果，只能在接下来的日子里观察芝芝，看她是否再伤人或是伤人的频率是否降低。

判断一个惩戒手段是否有效，不是看当时她是否“怕了”或者仅仅是表现出“怕了”，当时所谓的“怕了”是没用的，语言表达的“怕了”或者说“我不敢了”也是没用的。我们要关注后续，她的这个不良行为有没有消除或者频率是否降低。有的话，才可称之为有效。

我们经常会说，如何建立安全意识，如何建立劳动意识，其实，在这之前还有一个“前备意识”需要建立，那就是自我意识和责任意识。孩子只有知道自己是谁，才能明白他自己的责任，比如我跟同学要友好相处，我犯了错误就要承认和承担。安全是什么意思？安全是保护好自己，回避危险也不对别人造成危险。劳动是什么？劳动就是不干活就没饭吃，劳动才能创造更好的生活。这些意识的建立，说到底先要有概念的建立，先有这个概念，才可能有意识。就像这个故事，孩子自己承担了后果，就是建立了一种概念：这是我的事，这是我自己需要负责的事。

在生活中，每个人都因不同的社会身份而承担着不同的责任，那么，针对不同能力程度的智力障碍儿童，一定是在他的理解基础上来培养。

比如偏重度智力障碍的孩子，他能在老师手把手的带领下，跟着班级的大部队行动，基本不脱离老师的视线单独行动。这时候的重点是“管好”，在这种情况下孩子没有太大的机会犯错。

对于偏中度智力障碍的孩子，他们已经有了一些基本理解，有“可训练性”，这时候的重点是“训练好”，从行为操作上可以有一些分化和分工，让他们依据自己的能力承担一些班级事务，当然也是在老师的视线范围内按照比较严谨的要求来开展。

而偏轻度智力障碍的孩子，可能能理解自己的身份责任。比如作为生活委员，离校时要负责关窗，这就是一种关系中的承诺。如果今天放学忘记关窗，遇到下雨天，雨水就会飘进教室，同学们就无法顺利上课，那是要承担责任的。也就是说，没有做好自己的工作，应该承担后果或执行强制性义务，如此，责任意识才算是真正地建立起来。

饥饿的启示

朱凌云

周周，男孩
19 岁
孤独症

只有经历过失败和挫折，我们才能成长起来。在我做班主任的这些年，那些最让我头痛的学生，在陪伴他们、想办法帮助他们的过程中的所有收获，最终都成了我个人成长中的宝贵财富。

不吃午饭的周周

刚当上班主任的我，每天中午都会去食堂陪学生吃饭。可班上身高一米八、体重两百多斤的周周，当其他同学都去排队打饭、安静就餐时，只有他不肯排队打饭，也不肯坐在座位上就餐，而是一直在食堂走来走去，不管怎么请，他都不肯吃饭。

生活老师告诉我，周周在学校就读的这几年，从来没吃过学校食堂的任何饭菜。老师叫他吃饭，他就跑开，他长得高大，壮得像头牛，没有人劝得住、拉得动他。

周周妈妈说，周周在家的一日三餐都是家里有多少吃多少，从来不会让饭桌上有剩饭。她知道周周在学校不肯吃饭，所以她每天早上都会在周周的书包里放几个面包，让周周饿的时候吃。可是周周的自我控制和物品归属意识不强，书包里的面包经常没到中午就吃完了，有时他还会把面包分给同学吃掉。

不一样的周周

饥饿的周周走路时喜欢横冲直撞，因此在学校里经常撞到别人。有一次他走得太快，把我们学校怀孕八个多月的陈老师撞倒在地。幸好她肚子里的宝宝没事。每当我想起这件事就后怕。

在教室坐不住的周周喜欢啃着手指问：“妈妈来了吗？”就算老师和同学告诉他 100 次“妈妈还没来，等放学妈妈就来接你”，他还是会第 101 次地问：“妈妈来了吗？”面对患有孤独症，行为刻板、固执的周周，我很无奈，也很痛苦。

有一次，周周爸爸陪同周周一起参加学校组织的研学活动，这次活动让我看到了一个完全不一样的周周。

周周和爸爸在一起时，一直安静地跟在爸爸后面，没有鹦鹉学舌，也没有乱跑乱撞、抢同学的零食。吃饭时，我发现周周也不挑食，吃得又快又干净。

看到和平时表现完全不同的周周后，我反省自己的教育是不是存在问题。我向周周妈妈询问，为什么周周在爸爸身边的表现，与在学校时的表现，或是与妈妈相处时的表现截然不同。经过和周周妈妈的沟通，我才知道，原来周周爸爸经常出差不在家，但是，只要在家就会陪着周周，所以周周特别爱爸爸，对爸爸的话言听计从。

让周周吃午饭

所谓“民以食为天”，吃不饱，就没有精神学习。周周胖，又好动，消化得快，他在学校饿着肚子，身体受不了，所以导致问题行为不断，难以融入集体。

我想，如果周周爸爸要求周周在学校吃午饭，周周会不会吃呢？我向周周爸爸说明他在校的情况，希望他配合我，让周周在学校食堂吃午饭，不然饿着肚子很影响他下午的学习。

为了帮助周周改掉不在食堂吃午饭的习惯，我为周周准备了一套专属于他的漂亮饭盒，还有他喜欢吃的泡菜。中午就餐时，我让周周拿手机和爸爸视频聊天，把他拉到餐桌前坐下。

“周周，吃饭了。”我把饭盒递给周周。

周周条件反射地想挣脱我的控制跑开，说着：“不要，不要。”

“周周乖，听老师的话，你吃饭，爸爸晚上来接你。”视频中的周周爸爸轻声地哄周周坐下。周周坐在凳子上反复地念：“爸爸来接，爸爸来接……”但就是不肯张口吃饭。

“周周吃饭，爸爸一会儿就来接你了。”我一次次举起小勺把米饭送到周周嘴边，微笑着用眼神鼓励他吃一口饭，可周周看着视频里的爸爸，又看看我，表情极其痛苦，仍旧不肯张开嘴巴。

既然不吃米饭，我只好另想办法，问："周周，你吃泡菜吗？"

"吃。"周周看到我手中的泡菜，眼睛发亮，伸手就想要。

在泡菜的诱惑下，周周艰难地吃了一小口米饭，立马露出反胃想吐的表情，见我拿着手机在拍，又不敢吐出来。

我和周周爸爸不断地肯定周周："周周吃饭了，周周真乖，表扬周周。"得到肯定和表扬的周周，开始认真吃起来，不停地说："吃饭，爸爸表扬。吃饭，爸爸表扬……"

从那以后，周周每天中午都在学校食堂吃午饭，有时食堂饭菜不合他的口味，他会拿汤泡饭，吃两大碗。

饥饿的启示

周周习惯在学校吃午饭后，我观察到他课堂上咬手掌的自我刺激行为以及上课离开座位、走路碰撞他人的行为都在明显地减少。原来，周周的问题行为大部分是饥饿导致的。

通过成功干预周周在学校不肯吃午饭的行为，我得到的启示是：作为一名特教老师，一定要有敏锐的观察力和深入思考的能力，多观察学生、分析问题行为的前因后果。平时注重家校沟通，因为学生问题行为的改变离不开家长的支持。作为一名教师，我们成长的关键在于不断地学习和探索，帮助学生不断成长。

专家点评

这个故事看上去很特别，但反映出的问题在特殊教育学校却里很常见。朱老师是一个非常善于思考的老师！虽然她只是一个新老师，一个新手班主任，却能从现象挖本质，去改变一些问题行为，很值得我们点赞！

那么，故事反映出了什么问题呢？

我们在对特殊需要儿童进行行为治疗时，经常会用到一个最好用的强化物，就是食物，也是我们所说的一级强化物。一级强化物对重度智力障碍儿童适用。当然，对极重度智力障碍儿童可能不一定好用，因为他们不仅饥饿感反应迟钝，他的唤醒反应、感觉反应和运动行为都有可能严重无感。也就是我们平时说的，这些孩子“好像什么反应都没有”，他们可能最原始的生理需求都很弱，正因为如此，极重度智力障碍儿童的教育难上加难，老师很难激发孩子的内驱力。

那么，周周的行为就很好理解了，一个人如果太饿，会感到很不安，对于成年人来说会选择忍耐，因为他们具备一定的自控力去抑制，但是普通儿童没有这种自控力，特殊需要儿童更没有。在特殊教育学校里的孩子之所以有部分所谓的“问题行为”，有时是因为他们饿了、身体不舒服了，也可能是因为天气变化了、环境嘈杂了或其他状况出现，并不是孩子的本能行为。

同时，我们也提出中重度智力障碍的孩子不能吃太饱，吃个七八分饱即可，不能像周周妈妈说的“周周在家的一日三餐都是家里有多少吃多少，从来不会让饭桌上有剩饭”，这样放任是不行的，不光是健康的问题，更是因为他们需要“撬动”的需求太少了，如果他没有需求，很难激发他的主动行为，对于老师的指令可听可不听，更不要说积极跟随老师的要求了，这样就导致教学难以进行，班级管理难以开展。而有的中重度智力障碍儿童的班级“好管”，往往就是老师掌握了“王牌秘诀”，如有的老师坚持带餐。这个秘诀并不难，运用好了，很多问题迎刃而解，班级管理得以顺畅开展。

当然，在这个基础上，老师们也要不断地推进学生的最近发展区，慢慢从一级强化物过渡到二级强化物，不断提高学生的“学”与“思”，而不是只停留在“吃”本身。

特教老师要努力成为“四有老师”。“四有”即有目标、有要求、有反馈、有坚持。

有目标，是指我们的教育要有靶心；有要求，是指在上位的目标下，我们有具体的要求，要求要具体而细化，孩子能理解；有反馈，是要及时给孩子评价，做得好不好，要即时反馈，尽量不要延时反馈；有坚持，是要相信有一定的量的积累才能引起质的变化，特殊需要儿童的变化很难一蹴而就，一次并不能说明问题，也不一定持久，所以要做好打“持久战”的准备。

从故事中可以看出，之前老师和家长对孩子的这些行为和表现是没有进行太多教育、控制和干预的。周周妈妈知道周周在学校不肯吃饭，所以她每天早上都会在周周书包里放几个面包，让周周饿的时候吃。而周周经常没到中午就把面包吃完了，或者把面包分给同学。

家长缺乏教育意识，导致孩子的饮食完全没有规律。

在出现连续的问题行为之后，朱老师没有无视问题，而是选择了迎接挑战，向几年的“顽疾”努力开刀，直到撕开一道口子。朱老师没有退缩，仔细观察，深入思考，捕捉到孩子父亲的“权威”并加以利用，“以柔克刚”，立足孩子的未来，让孩子可以和大多数人一样，有基本的作息规律和饮食规律，努力增强孩子未来进入社会的能力。

朱老师作为班主任，努力去做家长的工作，实现家校共育，形成家校合力，与家长达成共识，不仅自己做“四有老师”，还努力让家长变成“四有家长”。这对于缺乏自律的周周来说，是非常难得的！先从基本的生理需求、生活节律开始，之后再减轻体重，建立行为的规范……周周未来才有可能独立生活！

摘掉有色眼镜

陈　祎

小袁，男孩
14 岁
听力障碍

周一早上，我在例行清点学生手机，准备统一保管时，发现少了一部。我用眼神扫视教室一周："谁还没有交手机？"人群中，学生小袁微微举手示意。"手机呢？""我钥匙丢了，手机被锁在宿舍柜子里。"又是同样的理由！这个借口上个月刚用过一次。结合小袁最近的各种表现，我断定他在说谎。"你自己想办法，下午上课前必须交上来！"我冷冷地扔下一句话，头也不回地转身离开。

小袁是我从小学一年级开始带的学生，是班里少数有残余听力的孩子，在口语表达、文明礼仪、学习成绩等方面一直表现优异，老师重视，父母疼爱。进入初二后，他身上的各种不良行为却层出不穷，向同学索要钱财，弄坏他人物品，打人，沉迷手机……我简直不敢相信，之前品学兼优的孩子竟然“堕落”至此。

如我所愿，下午第一节课前，小袁将手机交上来了。我满意地点点头，抬头撞上的却是他复杂的眼神，有无奈，也许还有仇恨……那眼神如一把利刃直刺我心，让人不禁一颤，难道我错怪了他？下课后，我快速奔向学生宿舍，看到散落一地的小刀片、钢丝，还有一把被拧断的锁，很难想象这孩子是如何费力才将锁撬开。自责、懊悔，各种情绪涌上我的心头，一向自诩爱生如子的我终究还是戴着有色眼镜在看待小袁。

是让这件事随时间的流逝慢慢淡化，还是主动向小袁道歉？一番思想斗争后，我从商场买了一把新锁交到小袁手上，对他说：“这次确实是老师没有调查清楚，冤枉你了，你的手有受伤吗？老师向你道歉，你能原谅我吗？”小袁显然有些错愕，眼眶不自觉湿润，半晌，不好意思地笑了笑：“没关系，陈老师。”“如果以前老师还有冤枉你的情况，希望你能帮老师指出来，谢谢你。”“没有没有，是我自己没保管好钥匙。”小袁连忙摆摆手，笑得更羞涩了。

接下来的日子，我仔细回顾了小袁的成长之路，意识到他的改变始于初一因病休学的那一年，他返校后才出现上课眼神无光、成绩大幅下滑、各种问题行为频发等现象，他又正处在青春期，我好像找到了症结所在。小袁相当于从六年级直接过渡到初二，面临病愈后心理失调、知识出现断层等问题，上课自然提不起兴趣。而我对他的关注还远远不够。我以为，他原本基础较好，凭借知识笔记和同学的帮助，完全有能力通过自学跟上，却忽视了初中课业的难度及他的听力障碍；我以为，他的疾病比较常见，病愈后不会对他的心理产生太大的影响，和一向懂事乖巧的他多聊聊天就可以了；面对他的问题行为，在几次谈话效果不明显后，我只是摇头叹息，觉得再过段时间他就能调整好；我以为，凭借小学期间建立的良好关系，不需要讲究沟通的艺术，我俩和谐的师生关系会一直维系下去……太多太多的“我以为”，与其说是对学生的盲目信任，不如说映射出我工作的懈怠与不负责任，原来，又是有色眼镜在作怪。

改变，从唤醒学生的自我期待开始。在与科任教师、科代表、小袁沟通后，我牵头成立了针对小袁的关怀小组，四方协商，制订出各学科长短期补习计划，利用每天下午放学前一小时和晚自习时间分别对他进行辅导，并做到一周一小结，一月一调整，定期跟进。在对他的问题行为的教育上，我充分利用同伴力量对他施以影响，变灌输式班会为活动型班会，通过走心图片、视频、游戏等，在小袁的亲身参与、体验、感悟中提升他的正面认知。

教育就是如此神奇，一旦孩子的内心被看到，他向上向善的那一面便容易被激发。经过大半年的努力，小袁的学习已经能跟上班级大部队了，整个人也变得积极阳光，之前的问题行为也很少再出现，笑容又常出现在他青春的脸庞上。每天他总是笑嘻嘻地迎面走来，一声声“陈老师”叫得格外亲切，如一汪甘泉沁入心田，让人感叹教育之神圣与美好。

感谢学生小袁给我上的这一课，让我及时摘掉可怕的有色眼镜，更加关注并重视孩子们的内心需求，也让我之后的育人之路走得更加从容与坚定。

专家点评

部分听力障碍人士由于手语思维的影响，对事物的理解和关系的把握比较容易出现偏差，容易让人产生误会，导致他们在人际沟通和交往中容易产生歧义，人际关系比较紧张，比较难与人合作，甚至爆发冲突。这就需要我们帮助他们去理解，找到关键词，他们理解了自然就容易想通了。

但是，故事里存在的显然不是这个问题，这里的误会是老师的“我以为”。所谓的有色眼镜，是指对人或事物抱有成见，也可以叫偏见。因为“这个借口上个月刚用过一次”，所以“我断定他在说谎”，结果真相却完全相反。陈老师勇于探究真相，并敢于承认错误，这让孩子有所触动。

老师的担当并不仅仅在于教书，更体现在育人。我们平时总是教导学生要知错就改，首先要让学生明白什么是担当，老师的以身作则便是最好的教育。学高为师，身正为范。关键的时候，老师要敢于承认错误，树立敢于担当的形象。当陈老师发现误会小袁后，马上诚恳地道歉。显然，这份坦诚和担当感动了孩子，也赢得了孩子的好感和尊重。

事情发生后，陈老师进行了细密的梳理，回忆到孩子的改变源于初一因病休学近一年，他是在重新返校后才出现的各种情况，老师意识到“小袁相当于从六年级直接过渡到初二，面临病愈后心理失调、知识出现断层等问题”，上课自然提不起兴趣，更重要的是陈老师意识到一个关键性的问题，即“忽视了初中课业难度及他的听力障碍”。这就是特教老师的“术业有专攻”！听力障碍，并不是我们表面理解的那样简单。恰恰就是这个“听”字，就有大学问。

听力障碍学生通过残余听力，只能获得少量的声音刺激，或者几乎得不到声音刺激，从而丧失大量的感性材料。听力障碍学生对客观事物的反应往往只限于光学特征，为了弥补听觉损失，会不自觉地利用、借助视觉。但听力障碍学生也过度地强化视觉，恨不得把映入视野的所有东西乃至每一个细节和每一个变化都抓住不放，会一直纯粹地罗列，无论是手势语还是手指语，无论是自然手语还是人文手语。手语是一种由手势、表情和身体姿势综合形成的动态的可视性语言，它确实是听力障碍人士的母语。但手语比较零散，词汇量少，涵盖面窄，通过罗列来表达，这也是手语最关键的一个特点，即倾向具体的形象。所以，大多语前聋的听力障碍学生的思维还停留在直观形象的水平。而初中的文化知识体系更多已经到抽象思维和逻辑思维阶段，孩子如果没有小升初之间的转衔，就很有可能无法进入学习状态，也根本不可能跟上大部队，当然上课“眼神无光”“提不起兴趣”，无法融入，注意力就会分散，导致“各种问题行为频发”，这才是问题的基础和关键！它不仅仅是知识本身的断层，更是思维水平的断层，陈老师意识到关键之处，开始行动起来。

意识到问题还只是第一步，思维水平的提升不是一蹴而就的，幸好小袁有着很好的先决条件——有残余听力，说明孩子的思维水平不低；表现优异，说明孩子有良好的基础；老师重视，说明比较容易形成教育合力；父母疼爱，说明有很好的家庭教育氛围。这些元素都被陈老师很好地整合和运用起来，形成合力——在与科任教师、科代表、小袁沟通后，陈老师牵头成立针对小袁的关怀小组，四方协商，制订出各学科长短期补习计划；阶段推进——利用每天下午放学前一小时和晚自习时间分别对他进行辅导，并做到一周一小结，一月一调整，定期跟进；运用场域理论——在对他的问题行为的教育上，充分利用同伴力量，对他施以影响，变灌输式班会为活动型班会，通过走心图片、视频、游戏等，在小袁的亲身参与、体验、感悟中提升他的正面认知……经过大半年的努力，我们看到了明显的变化：小袁的学习已经能跟上班级大部队了，整个人也变得积极阳光，之前的问题行为也很少再出现，笑容又出现在他青春的脸庞上！当孩子能融入集体，能有效学习，能获得学习的感受与快乐，问题行为就自然而然地减少了。

正如陈老师所说“教育就是如此神奇，一旦孩子的内心被看到，向上向善的那一面便容易被激发”。愿所有特殊需要孩子都能被看见，都有机会诠释自己生命的意义！

逃跑的诱惑

钟　卉

小琳，女孩
8 岁
孤独症

这是一节用餐课，当孩子们都通过各自的努力拿到午餐，并开始大口大口吃起来的时候，我猛地一抬头：“咦，小琳呢？小琳去哪儿了？”小琳的饭菜还在桌子上冒着热气，一分钟前，不，半分钟前，她还在我的面前。顿时，我心中升起一股“热气”，找人要紧！在饭堂各个角落和左右走廊跑了几个回合之后，我不得已请求了保安支援，还好保安通过监控录像发现了小琳，她竟然在男生宿舍。

我来到男生宿舍时，她正拿着一个小公仔手舞足蹈。见到我来，小琳迅速地把公仔塞进了某个抽屉，然后如风一般跑向饭堂。在她飘过我眼前的瞬间，我本能地叫住了她：“停！”她停下来了，脸上带着谜一样的微笑。这样的笑容，让我有一种发火的冲动。但发火是无用的，我控制了自己，接下来该做什么呢？惩罚？似乎时机已过，她已经在回去的途中。而且她在见到我的一瞬间，就很迅速地做出了返回的反应，而这个反应是不应该被惩罚的。

于是我挥了挥手，她又继续如风般跑回饭堂去了。可是她脸上为什么带着那谜一样的笑容？像在嘲讽："我偷偷跑走了，你没发现吧！"又像在挑衅："我成功跑走了，你打我呀！"又像是坏事得逞的骄傲："我又成功逃跑了一次，好高兴！"不，她脸上的笑容不是嘲讽，不是挑衅，更不是骄傲或兴奋，应该是那个公仔……对，就是那个公仔，是她玩耍公仔时的满足、愉悦。她妈妈说过，她非常喜欢小公仔，还会拿公仔玩过家家式的情景游戏。

我一边想着，一边走回了饭堂，此时小琳碗里的饭已经吃去了一半。其实，她各方面的能力真的很不错，虽是孤独症儿童，但在有需求时可以和人进行眼神对视，其语言模仿能力、认知能力也较好，对指令的反应也快。她最大的问题就是会在课堂上悄无声息地跑走，入学不到一个月，这已经是第三次了。事不过三，我想，有必要针对她的出走行为做个别化矫正计划了。

根据行为矫正理论，要矫正一个不良的行为，首先要做好观察记录，再针对这个行为做功能分析，然后制定干预方案并实施。我翻看前两次小琳出走的记录，第一次是跑去了楼下的资源中心，第二次是跑去了对面楼栋的某个班级，但被找到时都在玩公仔。而这一次，她不也正拿着公仔手舞足蹈吗？那么，得到玩耍公仔的机会，就是她这个行为的功能，见缝插针式的片刻满足，就是她出走的巨大动力。让人吃惊的是，资源中心、对面楼栋的班级、男生宿舍都不是她熟悉的地方，她在短短的时间里就能发现自己想要的东西，并记清了路线和位置，还能抓住溜走的时机，不可谓不聪明，但也让我们防不胜防。所以，只靠防和堵是行不通的。那怎么办？

我转念一想，既然她喜欢公仔，何不把公仔作为强化物呢？以前她喜欢饼干，现在可以把饼干和公仔同时拿出来供她选择，如果她选择了公仔，就可以利用公仔来强化其他行为；如果她选择了饼干，说明公仔的吸引力减弱了，就起到了消退获取公仔这一行为的作用，一举两得呀！鉴于她各方面能力都较强，我给她制定了这样的方案：10 个代币换一次玩公仔的机会，玩的时间限于 10 分钟，时间到就要交还给老师。

方案实施后，小琳果然听话了，上课跟随性特别好，老师在哪里，她就跟到哪里，代币在哪里，她的眼神就跟到哪里。可谁知道，没过两天，她又跑走了，回来时，裤兜里鼓鼓的，又一个公仔被她收入囊中。第一份方案就这样失败了，我很沮丧。矫正的每个步骤似乎都没有错，为什么没有效果呢？

我仔细回想了这两天的课堂，小琳赚取了很多代币，但是每次一到兑换时，她要么因为见到别人在吃饼干而犹豫，最终选择了换饼干吃；要么因为代币不够没有兑换成功。是的，不是因为公仔的吸引力不够大，而是因为她没有兑换成功的体验，所以才跑去偷玩公仔。我进一步分析她没有兑换成功的原因，一是因为饼干诱惑力太大，二是因为要赚够 10 个代币才能换，难度有点大。所以干预方案要改：兑换公仔的数量由 10 个代币改为 3 个代币，增加她成功体验的机会；换饼干吃则需要 5 个代币才行，这样可以鼓励她换公仔，忍耐吃的需求。兑换门槛降低了，那再增加三条规则来平衡总体难度：一是下课才能换；二是每次兑换只能玩 3 分钟，到时间后要主动归还给老师；三是兑换时需要说出自己要玩几分钟，由此引导她根据自己的需要调整行为。

还真的见效了！第一周，小琳一赚到代币就想兑换，但在老师的提示下能忍耐下来，一下课，忍耐很久的需求得到满足，小琳会全神贯注地玩她的公仔，不跑了。第二周，在老师的引导下，小琳能说出想玩几分钟，并给出相应数量的代币，由于知道代币越多越好，她能主动忍耐到下课了；有时代币比较多还会留点换饼干吃。第三周，她带着公仔玩游戏，同学们觉得很有意思，主动找她一起玩……

看到孩子们玩耍时开心的笑容，我在想，教育是什么？如果把教育中的难题比作治水，那么就如古语所言，“堵而抑之，不如疏而导之”。特殊教育领域的行为矫正，不是强制，不是禁锢，而应是用科学的方法引导孩子学会自控，学会调整。

专家点评

这样的情景如此熟悉。

特殊教育学校里，虽然一个班级或者一个宿舍只有十几个孩子，老师们的头脑里也在不断数着人数，让所有的孩子都在老师的视线范围内，但很多时候都是“看不住”的，那真是防不胜防。很多时候老师只是一个转身、一个回头，某个孩子就可能溜出视线了……看看小琳的速度，“如风一般跑向饭堂”。

钟老师从孩子的出走行为中细心观察总结，扩展了孩子的强化物清单，更好地进行了行为干预，也良性消退了“出走”这一行为，这是最值得我们学习的！孩子屡次出走其实是为了得到玩耍公仔的机会，即使是片刻满足，也能让孩子有十足的动力。看到后面我们会发现，原来不是“逃跑的诱惑”，而是“公仔的诱惑”。

钟老师善于观察诱导。先谈强化物。如何知道一个人的喜好？可能有几种方法：一是访谈，跟他聊；二是问卷，当事人填写；三是观察。在特殊教育学校里，老师和家长常常说不知道孩子喜欢什么。这里钟老师就做了一个良好的示范，从孩子在学校的特殊事件中观察，再结合家长曾经反映过的情况，知道原来这个孩子还有未被发现或使用的强化物。确实，对于特殊需要儿童，大部分是用不到前面两种方法的，用得最多的就是第三种方法，必须靠老师观察。当然老师还可以向家长或监护人进行访谈和问卷，也可以通过一些图片和实物让有基本自控能力的孩子选择。我们都知道，行为干预是否成功，确定有效可行的强化物至关重要。一般来说，强化物有这么几种：按强化物的起源或者性质分为无条件强化物和条件强化物。无条件强化物也可以叫作一级强化物，或者非习得性强化物，这类物品通常不需要孩子经过学习就具备强化功能，比如我们最常见的食物。条件强化物也可叫二级强化物或习得性强化物，这类强化物在开始的时候并不具有强化功能，而是与无条件强化物一起配对使用才逐渐获得强化功能，比如每周评比的小红花、笑脸奖牌等。按强化物的内容可分为食物型，如饮料、零食等；感觉型，如按摩、听歌、看彩灯等；可触摸型，如贴画、公仔、小卡片等；活动型，如看电视、玩滑梯、打球、去公园玩等；社会型，如进行口头表扬、老师关注、给予微笑等。在这里，玩公仔是一种孩子喜欢的活动，可以说是活动型强化物。

钟老师善于思考，孩子的一个笑容能让她像福尔摩斯一样进行分析比对。钟老师最终找出谜底，小琳喜欢玩公仔，可见老师思考功力之深。

钟老师善于制定清单。通俗地说，就是懂得给学生“好处”，这个好处其实就是制定强化物的清单。我们很多老师常常在学生行为有了小改善的一段时间后，容易遇到瓶颈，感觉很难再提升，这可能是因为学生的行为已经持续发生，但强化物没有及时退出或者说没有及时转入脱离程序，比如没有从连续强化转入间歇强化，或者没有及时将可见性的物质强化物转为社会型强化物。也有可能是强化物单一导致的。其实我们在实施矫正计划的时候，除了选择强化物，最好能进行一个刺激偏好评估，这就需要老师收集适合这个孩子的强化物，除少部分重度孤独症的孩子只能寻找到单一的强化物，大部分孩子都能找到至少两种强化物，比如这里钟老师就找到了饼干和公仔两种强化物，同时结合原本使用的代币兑换机制实行。这个做法是很专业的。在学生能理解的基础上，实行代币制有很多好处，最显而易见的好处是能积累、能扣除、能提供选择性的兑换，对孩子更具吸引力，能够对行为的形成和维持产生强有力的效果，这是单一强化无法比拟的。这时进行评估，就能完成三个任务：一是确定孩子所偏好的强化物。二是确定相对偏好价值，也就是偏好的程度，可以理解为钟老师给孩子约定“10个代币换一次玩公仔的机会，玩的时间限于10分钟，时间到就要交还给老师”。这里没有叙述价值约定过程，从后期孩子的表现我们推断饼干是更容易兑换的，可能是3个代币或者5个代币，总之是少于10个的。三是在哪种情境下这些强化物的偏好程度会发生改变，这个要视当下具体的情境再定。

钟老师善于执行调整。对于孩子的问题行为，很多老师都会做矫正计划，但因为困难重重，常常虎头蛇尾。我们必须认识到，光有计划不行，还得执行，不能“重计划、轻执行”。钟老师的执行力很强，一想到就做计划，一做计划就执行，并且不停地思考和改善。我们看到，钟老师执行的整个过程是一个动态的过程，并不是一成不变的。从最开始的“10个代币换一次玩公仔的机会”，孩子有了可喜的变化，“小琳果然听话了，上课跟随性特别好……代币在哪里，她的眼神就跟到哪里”；再分析她没有成功兑换的原因，进行有目的性的“改革”，降低兑换门槛，增加成功体验，“公仔兑换的数量由10个代币改为3个代币”；再增加“三条规则”来平衡总体难度，“一是下课才能换……由此引导她根据自己的需要调整行为”。学生的自控性一步步提升，一直到最后，她终于不再出走了。钟老师最后成功消退了孩子的这个“逃跑”行为，又通过公仔这一强化物促进孩子认真上课的行为，果然是一举两得啊！

是的，找到问题背后的原因，与其“堵而抑之”，不如“疏而导之”。

阿亮不咬人了

林庚英

阿亮，男孩
7岁
孤独症

“啊——”伴随一声刺耳的尖叫声，“老师，阿亮咬了峰峰！”几个学生的投诉声接连传来，把正在清洗厕所的我吓了一跳。我赶紧走过去发现瘦弱的峰峰的手臂上有鲜明的牙印，已经渗出血了，他也哭得稀里哗啦的，而阿亮正面无表情地盯着峰峰，一只手却死死地拽着峰峰的手臂。我用力掰开阿亮紧抓峰峰的那只手，然后把他的两只手控制起来，而这时阿亮突然低下头猛地咬住我的手臂，疼得我想掉眼泪。直到助教老师过来捏住阿亮的下巴，他这才松口。

上面的情景是新生阿亮入学一个月来的行为常态。阿亮这年7岁，典型的孤独症儿童，不会说话，完全不与人沟通，常常不停地跑来跑去，非常任性，根本不听指挥。他对任何喜欢的物品都要占为己有，尤其是食物，见到教室里有喜欢的食物就直接伸手拿甚至想办法抢过来，不达目的不罢休。同时他还伴有较强的攻击行为，当别人不给他东西、要求得不到满足或者不愿意按老师的要求行事时，阿亮就会不管三七二十一逮着人张嘴就咬。他的行为已经严重干扰到班级的正常秩序，每天搞得班里人心惶惶。其他的学生家长也对他的行为表示了强烈的不满。

为了矫正阿亮的不良行为，我认真记录他的日常行为，参考了关于行为矫正的相关书籍，并与家长进行了详细的沟通。我从家长口中得知阿亮最喜欢吃的是手指饼干，最喜欢看的动画片是《猫和老鼠》，最讨厌的食物是洋葱和芥末，最害怕打雷等。根据他的各种行为习惯，我制定出相应的矫正策略。第一，用他喜欢的食物以及动画片来引导他与老师进行眼神交流，并要求他服从老师的指令。每次在与阿亮沟通前，我会把手指饼干放在他的眼前，引导他望着我的眼睛，之后我就对他提出相应的要求，等他做到了，就马上把手指饼干奖励给他；如果他能够在一节课内安静地坐在位置上，没有出现咬人的情况，下课后我就给他看两分钟动画片《猫和老鼠》。第二，采用厌恶刺激来减少他咬人的行为。一旦阿亮出现咬人的行为，我就马上拿出洋葱或者播放打雷的声音。第三，座位安置以及预先告知与提醒。为了更好地关注阿亮的行为，我把阿亮安置在第一排的中间，旁边则安排表现较好的学生，我让他们担任小老师一起来监督和提醒阿亮。一旦阿亮想要离开座位或者出现情绪躁狂的情况时，我就马上拿出手指饼干示意他坐好。如果他继续出现攻击的苗头，我就会拿出洋葱和芥末给予警告提醒。第四，详细记录阿亮咬人的频率，阿亮是走读学生，我就要求家长在家也采用上面的措施来执行，并且每天与其他科任老师沟通阿亮的情况。

经过两个月的矫正，阿亮慢慢地有了改变：以前老师叫他名字，他一点反应都没有；现在老师叫他名字，他会望望老师，但是近距离眼神的对视还是做不到。刚入学时他上课几乎一刻也坐不住，老师必须抓住他，防止他乱跑，老师一松手他就满教室乱跑，现在他能在座位上一直安坐十几分钟到二十分钟，直到老师叫他起身才会起来。有时他站起来准备跑动时，老师用一个手势或者口头指令，他就能坐回座位。虽然他偶尔还会出现咬人的行为，但是咬人的频率已经降低了很多，从一节课两三次降低到一个星期一两次。在老师让他做不愿意做的事情时，他还是会习惯性地抓住老师的胳膊，同时张大嘴巴，但是已经不敢咬老师了。

虽然阿亮的咬人行为还没有得到彻底的改变，但是我相信只要老师坚持对阿亮实行行为矫正的策略，且根据他的行为表现进行及时调整，加上家长的积极配合，阿亮的咬人行为一定会逐步消退，他也会建立起良好的行为规范。这个过程将会很漫长，但是我有信心！正如苏霍姆林斯基所说，在人们的心灵深处，都有一种根深蒂固的要求，就是希望感到自己是发现者、研究者、探索者。而作为特教老师，只要坚持矫正、提升，教学的效果应是十分明显的，唯有这样，我们才能更加正视教师的身份。

专家点评

这是一个典型的关于特殊需要儿童行为矫正的故事。

特殊教育学校的老师经常会碰到这样的事情，尤其是新生开学的那段时间：学生走上来就是咬一口，或者抓一把，轻则留下一排完整的牙印，或是挠出鲜红的血痕，重则淤青难消或皮开肉绽，不管是学生、老师还是校长，都难以避免。

林老师想必已经多次遭受“疼得我想掉眼泪”的折磨，直到“助教老师过来捏住阿亮的下巴，他这才松口”。曾有很多人问，为什么不跟孩子好好讲道理呀？这是因为和这类学生没法用常规的方式讲道理，唯一能做的就是通过一定的方法来对孩子的行为进行矫正。

文中的主人公阿亮是一个典型的孤独症儿童：没有语言，完全不与人沟通，常常不停地跑来跑去，非常任性，根本不听指挥……伴有较强的攻击行为，当要求得不到满足时，逮着人张嘴就咬……这样的行为已经严重干扰到班级的正常秩序，其他的学生家长也表示了强烈的不满。作为人性化课程实验班的“元老”，林老师没有陷入非理性的情绪里，而是迅速理性地制订矫正计划，同时加速学习：认真记录观察、了解背景是第一步，如了解他喜欢的有什么，讨厌的、害怕的有什么；预估问题和分析判断是第二步，可能的问题是什么、能用的强化物是什么、影响的因素是什么；制订计划、调整安置、实施策略是第三步，根据学生的行为习惯实施矫正策略，在过程中运用厌恶刺激；联合家长形成合力、做好量表记录是第四步。当然还有文中没有专门体现出来的第五步：根据变量及时调整策略，链接校内外资源，做好后续跟进。

两个月后，阿亮能听指令回座位，能望向老师，咬人的频率降低了、程度减轻了，如文中所说，“他还是会习惯性地抓住老师的胳膊，同时张大嘴巴，但是已经不敢咬老师了”，这里我们能看到学生的克制，看到他自控能力的提升，可以想象林老师在背后花费的时间、精力和心血，也可以想象林老师身上有多少伤疤。

特殊教育学校的老师并不像外表所看到的光鲜，也不像某些人认为的没有升学指标就没有压力。其实特教老师没有上下班的时间概念，文中的林老师是特殊教育学校里许许多多老师的缩影。林老师的矫正计划是周密而严谨、理性而有逻辑的，当她一步步去解决问题时，学校的作息对她已经不适用，她可以跟学生“耗着”不吃饭，也可以陪伴学生到深夜。对于学生身上的天性，我们唯一能做的就是用专业的方法，让学生往“社会人的状态”靠拢，能与人相处和交往，成为在社会上有尊严活着的人。同时，这个故事能让我们更好地理解，特殊教育的终点可能是普通教育的起点，也就是从“生物人”培养成一个“基本的社会人”。

多出的代币

罗燕梅

阿智，男孩
9岁
唐氏综合征

上课的时候，一声尖锐的叫声打破了课堂的宁静。“老师，他掐我！”我应声抬头，瞥见了阿智还未完全收回的手。

阿智是个唐氏综合征儿童，特别调皮捣蛋，还喜欢捉弄人。他要么拍同学的桌子，要么拧同学的胳膊，或者故意把同学的物品丢在地上，还要“盖”上他双脚的“印章”，然后得意地看着同学气急败坏的样子。但是自从班级实施了奖惩制和代币制以来，他便有了新的追求，爱上了代币，从此一发不可收。每天最喜欢做的事就是数代币，跟老师炫耀自己的代币数量。为了得到代币，他积极参加班级的活动；为了不被扣代币，他能努力控制好自己的行为，不当的行为渐渐减少了。所以阿智最怕的事情就是自己的代币被老师扣减，他也着实变得乖巧了许多，俨然成了老师眼中的乖孩子，他和同学之间的相处也和谐了。

而现在又看到他的问题显露了出来，我非常愕然，但我也只是言语变得严厉："再搞小动作就扣你的代币！"说完五分钟不到，又一声惨叫声传来："老师，阿智踩我的脚！"他不但对我的警告置若罔闻，还变本加厉！我忍无可忍用了对之有效的绝杀技——扣代币。只见他大方地从口袋里把代币掏出来，毫不留恋地给了我。我心里就纳闷了，视代币如命的他，平时若是扣他的代币，要磨蹭老半天才拿出来，而这次真反常，面对我严厉的目光，他不仅拿得轻松，还面带挑衅呢！这种有恃无恐从何而来呢？我心里打起了鼓——一定有情况！当时怕影响正在进行的课堂，我没有立刻处理这件事。课后，我把他叫到跟前，竟然在他口袋里发现满满的都是代币，足足有几十个，我才幡然醒悟：原来如此啊！

这么多代币，是从哪来的啊？于是我就开始调查。他自己一口咬定是上节课的王老师奖励的。而经核实，王老师在课上的代币奖励也就是每个学生五个左右；那是不是以前累积的代币呢？很快又被我否定了，班级规定每天下午都会兑换食物，代币清零；那还有一种可能，是不是他私自从代币盒中偷拿的呢？可是王老师的头摇得跟拨浪鼓似的："绝不可能，代币盒都没离过我的手！"那真是太奇怪了，阿智口袋里的这么多代币是哪里来的呢？我像个侦探一样，在办公室踱来踱去，猜想着无数个可能，脑袋突然一动，是不是……为了证明我的猜想，我把全部学生召集起来，让他们拿代币换奖品，有三个不会管理代币的学生竟然一个代币都没有。我查问学生代币的去向，胆小的阿明小心翼翼地指向阿智；体能较差但特别明事理的阿成也委屈地看着阿智；还有管不好自己物品的阿丽也突然激动起来，冲向阿智，攥住他的口袋……果然被我猜对了，他们的代币全部去到阿智那里了。也难怪视代币如命的阿智突然变得视代币如草芥！虽然阿智平时会选择比他弱的学生去捉弄，但抢占别人代币的事还是首次发生。这件事看上去是小事，可对班级的影响将是巨大的，班级的强化系统一旦失效，管理学生还从何谈起呢？必须谨慎处理！

阿智站在那里低头不语，他沉默了。最后在事实面前，他不得不承认自己抢了别人的代币。我首先让他把代币还给同学，他很不情愿地如数归还了。最后手里还剩了几个代币，并攥得紧紧的，嘴里不停地强调着："我的，这是我的。"我果断地告诉他，拿别人的代币不对，做了错事要扣回代币，并强行把剩下的代币收缴，他即使百般不情愿也只能照做。看着自己两手空空，再看看成其他同学用代币换回的奖品，他伤心地哭了。我用行动和语言严厉地告诉他，只有自己赚的代币才能换到心仪的奖励，拿了别人的代币，自己的代币就会被扣掉。他低下了头，似乎明白了，拿了别人的代币不但要还给别人，连自己的代币都保不住，真是损失惨重啊！下次他还会不会拿别人的代币呢？或许还会，但我相信下次、下下次，只要我一直坚持我的做法，阿智一定会明白拿别人的代币不但一点好处都没有，而且损失惨重，所以走正途赚代币才是唯一的出路！

思想家爱默生说过，细节在于观察，成功在于积累。老师在教育中也是如此，我们要做到认真、细心观察每一个细节，善于发现问题，及时用已有的经验解决问题，并把可能发生的新问题扼杀在摇篮里。这也印证了一句话，观察与经验和谐地应用到教育中，就是教育智慧。

专家点评

看到文章开头，我的好奇心被勾起来了，然后，故事的“三步曲”徐徐展开。

第一步：一个调皮捣蛋的患有唐氏综合征的小男孩，原来各种捉弄同学、干坏事，然后“得意地看着同学气急败坏的样子”。

第二步：班级建设奖惩系统，孩子开始有了新的追求，“爱上了代币，从此一发不可收”，“每天最喜欢做的事就是数代币，跟老师炫耀自己的代币数量”，这时阿智已经乖巧了许多，俨然成了老师眼中的乖孩子，“他和同学之间的相处也和谐了”，其实到这一步已经看出老师的“用心经营”，孩子的进步是明显的！

第三步：又有了转折——各种捣蛋，仿佛大变身，“现在又看到他的本性露了出来”，老师“非常愕然”，等到老师实施下一步“绝杀技”——扣代币的时候，孩子仿佛就等着这一步，平时“视代币如命”的阿智，在被老师扣代币的时候毫不留恋地拿出来。这是为什么？从“视代币如命”为何会变成“视代币如草芥”？原来他“储备”了很多代币，这个“代币”是学校独一无二的，其他老师没有给他，他在别的地方又拿不到，也没有能力自己制作，那他是如何获得的呢？这个“坏事”跟之前的“坏事”相比，是程度更深还是更浅呢？

其实这里可以一分为二，可喜的是看到孩子理解力的增强，孩子对代币的理解更深了，说明罗老师下了很多的苦功。对于一个患有唐氏综合征的学生来说，理解代币和自己“获得好处”之间的关系并不是那么容易，但这里显然孩子是理解的，否则他也不会疯狂地“储存”代币，将三个同学的代币占为己有：“胆小的阿明小心翼翼地指向阿智”，“体能较差但特别明事理的阿成也委屈地看着阿智”，“还有管不好自己物品的阿丽也突然激动起来，冲向阿智，攥住他的口袋……”同时我们作为特教老师，看到了代币制的益处和有效性。当然，罗老师没有认为此事就此结束，“这件事看上去是小事，可对班级的影响将是巨大的，班级的强化系统一旦失效，管理学生还从何谈起呢？必须谨慎处理！”。

罗老师是有智慧的，智慧不会凭空而来，一定是建立在罗老师对学生非常了解的基础上，知己知彼方能百战百胜。无论孩子是怎样的行为表现，都逃不过罗老师的火眼金睛，只有平时细致入微的观察，对学生全面地把握，在问题来临的时候，教育智慧才会迸发出来。

罗老师是有力量的，她的专业触觉非常敏感，这是特教老师非常宝贵的一种品质。因为智力障碍儿童的行为反反复复，当旧的问题被矫正后新的问题又会出现，很多时候又会退回原点，所以几乎8小时贴身陪伴孩子的特教老师，在面对问题时是比较容易麻木的。一些特教老师不会深究一些问题，常常会有意无意地忽略，这样就会显得“弱一点”“不够力”，但罗老师没有放过任何一种教育可能，她有足够的权威、足够的力量，用她强有力的专业办法深究到底。

罗老师是有机制的，也可以说是有系统的。文中她提到的“系统”两个字，恰恰说明她有系统思维，只有具备了这一点，学生的问题行为才有可能发生长久有效的改变。特殊教育学校里很多老师都在使用代币，但是这个“代币制”有时没有像罗老师这样贯彻到底。这个方法的实施其实是非常复杂的，它需要得到学生的理解，需要确定目标行为，需要确定支持性强化物，需要根据学生的理解程度拟定代币的交换系统，需要确定代币发放和交换形式，需要全面考虑，需要和这个班所有有交集的老师形成合力……这是一个庞大而系统的工程，是一个非常专业的事情。

罗老师是有坚持的，其实到了最后，我们看到罗老师已经是在实施反应代价了，当阿智因为“掠夺”同学代币这一行为而被扣除已经拥有的代币时，他的情绪明显受到波动，他伤心地哭了，说明“扣代币”这个操作是有效的。这个时候，罗老师没有“心软”，她用肢体语言和口头语言继续严厉地告诉孩子，重申拟定契约时的规定“只有自己赚的代币才能换到心仪的奖励，拿了别人的代币，自己的代币就会被扣掉”，“他低下了头，似乎明白了……”当然，这样的交互，仅仅一次两次是绝对不够的，它需要长久地坚持，还要不断地升级，包括老师对于代币管理的问题，重度智力障碍儿童玩代币的问题，孩子学会保管和储藏代币的问题，还有强化物的配给、供应问题，等等。

这个关于代币治疗的小故事，生动有趣。我们进一步体会到，行为是可以被建立和被改变的，零散的做法和系统思维下的做法，效果是不一样的。

希望在特殊教育学校里面，老师们都能形成科学的理念。

"聪明"的小刘

肖婷婷

小刘，男孩
10 岁
听力障碍、
智力障碍、
孤独症、脑
部钙化等多
重障碍

你听过"乍得"这个国家吗？如果给你一个地球仪，你能找出来吗？你肯定会说，怎么可能做到！我们班上的小刘只用 10 秒就能找到，而且他可以告诉你这个国家的国旗的颜色和形状。是不是很厉害？

上课铃声响了，如果我还在用手机处理事务，小刘就会一本正经地说："肖老师，再玩手机，领导看到就要批评你了。"真是令人哭笑不得，一个 10 岁的孩子竟然能知道领导与老师的关系，还能灵活地利用这个关系提示你。是不是很厉害？是不是很聪明？但如果他利用他的"聪明才智"欺负别人呢？

上个学期末，班里转来一位新同学——小梦。一次，小梦的桌子上多了很多钉子。这还了得，万一伤到人怎么办？经查实，钉子是小刘放的。我问小刘为什么这么做。他说弄完订书的钉子，就是想放在小梦那儿。这明显是欺负人！小刘为什么不敢欺负我，难道是因为我知道他的需求？他最喜欢读书，喜欢启聪部的学习氛围。他最怕做错事后被转回启智部去。我说："既然你知道错了，那老师就要惩罚你。第一，你要跟小梦道歉。第二，你要保证不再欺负小梦，如有再犯，我就考虑向领导申请让你转回启智部去。第三，我要把小梦桌子上的钉子放回你桌子上，而且你不能碰到这些钉子。"小刘看着自己桌子上的钉子，动又动不得，又怕伤到自己，只能心里干着急。我暗暗偷笑，就是得让他体验一下这种不舒服的感觉。

小刘会就此罢休吗？肯定不会！他是因为怕我，所以不能"光明正大"地干坏事。小梦的座位和小刘的座位是紧挨着的，这就给了小刘欺负她的机会。小刘有事没事故意伸伸懒腰，碰碰小梦的桌子。作为班主任，我们都知道这种行为是不允许的。那又该怎么办呢？于是我拿了四支油性笔，用胶带把油性笔粘在小梦桌子的四个角落，并跟小刘说，如果你衣服上有油渍就自己负责洗。这样做是为了让小刘学会为自己的"故意行为"承担责任，通过亲身的体验让他深刻认识到自己行为的严重性。我想这样他应该不敢再欺负小梦了吧。

一周后，小刘又欺负小梦了。我想我不可能时时刻刻"控制"小刘不欺负别人，那怎么办呢？我苦思冥想：作为一个有听力、智力障碍且患有孤独症，行动不便但又"聪明"的小孩小刘来说，靠"堵"和"补"的方法是不行的。之前我们给他的“体验”还不够深刻，没能让他产生足够深刻的记忆，他还是无法控制自己欺负人的行为。于是，我决定演一出戏，让他产生不良体验，长长记性。

我把小刘叫住，让五个男生故意板着脸，把他团团围住。小刘呆住了，紧张地看着我。而此时正是我最好的教育时刻，我得让他把不良的心理体验说出来，这样他记得更牢。

我走过去，问他还敢不敢欺负人。

“不敢了。”他垂头丧气地说。

“为什么不敢了？”我问。

“因为如果我欺负人的话，肖老师就会叫男生来教育我。”

“对了。今天肖老师叫了五个男生，你怕不怕？”

“怕！”

“他们有没有欺负你？”

“欺负了。”

“哪有欺负？他们碰都没碰到你，你就怕了。那你欺负别人时又动手又碰身体，人家不是更怕你？”

“我知道错了。”

小刘妈妈问我，这样会不会影响老师的形象。对，这肯定对我温婉的形象有影响。但相比起能让小刘的不良行为消退，我这点形象又算得了什么呢？如果小刘利用自己的小聪明把欺负人当作一种很过瘾的行为，久而久之便会养成坏习惯，最后内化为他的人生观，他迟早都会栽跟头。

一名多重障碍的特殊需要儿童，他的问题行为更具有复杂性和挑战性，作为老师，特别是一名特教老师，我们需要分析问题背后的原因，更需要制定有针对性的教育方法，需要持之以恒的陪伴和坚持。我相信，在我们的共同努力下，像小刘这样的多重障碍的学生会在特定的环境下融合得越来越好。

专家点评

文中的小刘是一个非常特殊的学生，患有听力、智力障碍，孤独症，脑部钙化，且行动不便，这样的多重障碍的学生在特殊教育学校并不少见。不过从跟老师的对话中看到，小刘的智力水平应该不低，在未来的日子里，肖老师是要跟小刘“斗智斗勇”的，而且会牢牢抓住这个特点来“做文章”。

能在地球仪上快速找到非洲中部的一个内陆国家，对老师的行为还能主动评价并提醒，对新来的同学发起各种小动作“挑衅”……这几个例子已经非常鲜活地将小刘的形象勾勒出来，也让我们感受到了小刘行为的多样性。可以想象，肖老师和班级的其他老师要承受一般老师没有试过的、每天特殊的“碎碎念”，每天都要“针尖对麦芒”，针对各种挑衅，还要“防火防盗防小刘”……

这类学生的行为成因很复杂，不能简单地套用常规的办法：记忆力强，有听力障碍，有孤独症倾向又行动不便，最喜欢读书，喜欢启聪部的学习氛围，很难想象小刘在10年的成长岁月中经历过什么，父母又会因为这些原因给予过他什么……我们的头脑中可能会立即冒出一个词语——“偏才”，也可能会冒出另外一个词语——“多元智能”。

多元智能理论在普通教育当中确实是给了我们很大的启示，教育是高度个别化的工作，理想的教育必须适合每个学生所具有的独特智能，不应以相同的目标和相同的教育方法来教育所有的学生。当然，在这里情况可能不完全相同，我们可以从文中感受到肖老师对于小刘同学是极其有耐心的，她也一定做了大量的功课，因为分析到小刘的行为和启智部那些单纯的智力障碍学生不同，是“故意行为”，对于这种记忆力强、半懂不懂的学生，不能简单直接地运用行为矫正的各种办法，虽然目的都是要让学生加深认知。

肖老师征得家长的同意后，和启聪部的老师讨论并达成共识，巧妙地利用小刘这“半懂不懂”的理解力来尝试一种特别的办法，那就是“演一出戏”，让五个男生逼近小刘，形成威慑力。其实五个男生什么也没做，就已经让小刘感受到了“怕”，还说“肖老师就会叫男生来教育我……”。其实肖老师采用的是类似于角色扮演法的一种情景模拟活动，根据被试者的角色表现，将被试者安排在模拟的、逼真的环境中，要求被试者思考、处理可能出现的各种问题，让其通过自身的“真实”体验得出结论。

可以说，在这个过程中，肖老师也是想尽了各种方法，唯一能想的“招”

就只有一点：用小刘自身的积极因素去克服或减少消极因素。当然，虽然小刘口头上有认错的表达，但最后小刘有没有变化，现在的小刘是怎样的，可能都会是老师们要全程面临的课题。不管是小刘，还是其他身患多重障碍的学生，问题可能源源不断，无法穷尽，但每个学生的成长只有一次，这就尤其需要老师的教育智慧了。

电话的约定

张淑霞

阿康，男孩
16 岁
智力障碍

“张老师，阿康请假一个星期，周六带他出去买菜的时候他跑了……”

“张老师，今天让阿康去楼下倒垃圾，他一走就是一个星期，至今都没有回来……”

“张老师，我弟弟阿康在出去吃饭的时候，从洗手间偷跑了……”

这样的电话我经常在周一或周日晚上接到。

有一天，一股强冷空气来袭，外面刮起了狂风暴雨，我又接到了阿康妈妈打来的一通电话，说阿康又跑出去了……所幸身无分文的他在一个星期后又安然无恙地回来了。

阿康妈妈很无奈地说：“一到周末他就焦虑不安，如果能一直上学，由你们老师看着，那该有多好啊！”因为在学校能保障孩子的安全。

然而，有一天清晨，我接到了学校的一通电话，说阿康在宿舍睡觉的时候不见了，全校的老师找遍了学校的每一个角落，检查了宿舍的视频监控，都没有发现他的足迹，最后在一个摄像头拍摄的画面中发现了一道黑影——就是他。不可思议的是，阿康竟然从学校宿舍出发，逃过生活老师和门卫的视线，躲过重重的摄像头，越过围墙，神不知鬼不觉地逃出了学校。从这之后，我们学校的老师在好长一段时间都“闻康色变”。

为了防止阿康习惯性出走，妈妈只能全天候无时无刻在家盯着，随时把家里的大门紧紧地反锁着，不敢去买菜，不敢下楼倒垃圾，甚至连厕所都不敢去。尽管如此，阿康还是一次又一次地跑出去，家长除了无奈还是无奈……

在学校，阿康是一个各方面能力都不错的孩子，对老师也非常有礼貌，对新鲜事物的好奇心特别强，参加活动或回答问题时他总是最积极的一个，在宿舍还常常被选为舍长，曾经还是学校的升旗手。阿康表现欲望也很强，然而就是因为太好强，输不起，导致他经常与同学闹矛盾，很多同学都不愿意跟他玩。但他口才特别好，无论走到哪里，他和任何人总有说不完的话题，在他生活过的地方，他的名字可以说是家喻户晓，他走到哪都可以“人过留名”。

根据他的这一特点，开始的时候，每到周五我都跟他提要求，如果一周内不出走，回来就给他做班长，如果连续两周没出走就奖励他做护旗手。

同时，由于阿康比较好动，对新事物有浓厚的兴趣，我交代家长周六、周日尽可能抽出时间带他出去玩，打打球，还可以带上他一起出去买菜，带他去商店让他帮忙买东西。计划实施了一段时间，还挺见效，阿康出走的次数明显减少，每周回校，阿康都会跟我们分享在家发生的新鲜事，但新鲜感一过，他又“现出原形”。

后来，我知道他特别喜欢跟别人聊天，不管是陌生人还是熟人，他总能找到话题。我想，他放学回家后，我虽然不能跟他面对面聊天，但是我可以打电话，于是我跟他私下约定，每个周六或周日，我都会不定时地打电话给他，有时是早上，有时是晚上，让他说说在家帮妈妈做了什么事情，参加了什么体育运动，吃了些什么菜等。有一次，他在电话那头兴奋地告诉我，他学会煮一道菜了。每次打电话他都会有说不完的话题，一谈就是半个小时，甚至更长时间。除了跟我打电话，他还跟副班主任打电话。因为他特别爱热闹，我们鼓励家长节假日多带他去亲戚家串门，或给亲戚打电话问候。同时，还要制订计划表，不断地更换活动，比如根据他特别爱吃的特点，在家能达到要求，家长就及时地给予奖励，可以是饮料、薯片等，还可以带他去儿童乐园等，让他保持新鲜感。

自从有了这个约定，除了放长假，他真的一次都没有出走过。他妈妈说，每次带他出去逛超市、打球，他都会急着要回家，因为他怕错过张老师的电话。有时候我故意不打电话给他，他周一一来到学校就会问我：“张老师，你这个星期怎么没打电话给我？”就这样，我们的约定一直坚持到现在，这次寒假他一次都没有出走，他的父母太开心了，还特意买了一双运动鞋奖励他。

专家点评

这篇故事中的主人公阿康同学实在是太有“个性”了：动作敏捷、智力“超群”、彬彬有礼、积极参与、敢于尝试、口才出众……怎么看都不像是特殊教育学校的孩子。

我们来看这些描述：“各方面能力都不错”，“有礼貌”，“好奇心特别强”，“总是最积极的一个”，“表现欲望也很强”，“口才特别好”……

如此优秀，却又让阿康妈妈如此无奈。习惯性地出走、不服从、不服管、人际关系差等问题和以上的优点奇妙地集中在阿康身上，阿康到底是一个怎样的孩子？我们生活中有没有这样的孩子？智商不低，但服从性很差，没有规则意识，老师家长都驾驭不了他！所以，干的“坏事”也似乎更离谱。

作为阿康的班主任，张老师确实面临着一个极大的挑战，但张老师没有放弃和退缩，而是迎难而上，体现出一个特教老师的担当！她根据孩子的特点研究了许多专业有效的办法，并且身体力行，即使是休息时间也会牵挂着每个学生，包括这个给自己布置的“家庭作业”也完成得很好，而且从字里行间看得出这个“家庭作业”的质量很高。“每次打电话他都会有说不完的话题”，“他都会急着要回家，因为他怕错过张老师的电话”，可见，师生间的沟通多么顺畅和融洽。我们看到，张老师至少做了四方面的工作：

1. 制订奖励计划。以做护旗手作为奖励及在家中达到要求之后以零食作为奖励。

2. 密切沟通家长。努力和家长达成共识，家校形成网络能事半功倍。

3. 满足合理需求。结合周末家庭生活从合理渠道满足孩子追求新鲜、爱玩的需求。

4. 从兴趣特点入手。通过“电话约定”全方位启发、引导和约束孩子。

张老师将这个故事写下来，是非常宝贵的，这个案例也是极其独特的。不仅仅在于以上的分析，更多的价值在于给我们提出了更深远的思考：

无论是普通学校，还是特殊教育学校，当一个孩子明显不服从管理，在我们现有条件下，如何提供适合的引导和教育？

当一个孩子精力异常旺盛，如何根据他的特点，用合理的方式宣泄他的精力？

如何满足他，让他有跳一跳够得着的任务，又确保底线不“越界”？

不断追求新鲜感没错，但需要通过合理的方式，要遵守什么，又不能违背什么？

如果智力允许，怎么让孩子努力去寻求适合自己的奖赏、激励和快乐机制？

……

不翼而飞的饼干

谢华镜

阿坤，男孩
17 岁
智力障碍

一天早上，我为了奖励学生，在劳动室放了一包饼干，但等我巡视完清洁队回来，却发现饼干不翼而飞了，当时我怎么也查不出饼干的去向。无独有偶，在饼干丢失的几天后，负责绿化工作的阿姨的钥匙和一个面包也不见了，面包事小，可家里的钥匙丢了就麻烦了，她找遍了所有去过的地方，都找不到。后来她求助于我，并告诉我上午唯有阿坤曾经从她的菜篮子经过，去倒垃圾。我根据这个线索，找到阿坤，看到他捡了一些树叶，先表扬了他，趁机靠近他，并仔细地打量了他的嘴巴，果然在他的嘴角上发现了一些蛛丝马迹，有残留的面包屑。他显然是刚吃过面包的，我直截了当地问："面包好不好吃？"他马上点头回答："好吃！"我再问："面包是从菜篮子里拿的吧？”这时他意识到自己已经露出破绽，马上低下了头。他承认了自己整个“作案”的过程，最后带我到饭堂后面的垃圾屋找出了钥匙和面包纸，除此之外还把几天前偷饼干的事一一地向我交代。

针对他的情况，我们决定采取扣分处理，延迟了他的放学时间，并扣除他带回来的所有零食。我告知他，如果不拿人家的东西，星期五就给他发回零食。在第二周开始的头两天还是比较平静的，但第三天开始，生活组的老师投诉，有一包巧克力不见了，学生的零食也不知去向，最后查出是阿坤干的，而且每次他都承认错误，还配合着找出证据。尽管认错的态度很好，但过不了两天他又故技重演了。当时我百思不得其解，恰好那天校长来巡堂，我把整个事情的经过告诉了她，她沉思了一会儿告诉我：“你告诉他不偷了就给他吃零食，这样做刚好是激起了他偷吃东西的念头，他那根神经被激活了，所以就偷得更厉害，而且你的强化时间太长了，所以效果适得其反。”我迫不及待地问：“那该怎么办？”她说：“你每天给他安排最适合他完成的任务，干完一项就马上奖励零食，每天把他的空闲时间填满，干得越多就奖励得越多，把他的注意力转移到如何通过劳动挣零食上来，他自然就没时间去偷别人的东西了。”我当时很兴奋，马上找副班主任和生活老师一起沟通，并达成共识。

自从换了新的招数，阿坤很主动，总是向老师找活干，因为干完活就能拿到零食，而且零食可以自己进行支配。当看到他干完活拿到零食时很满足的样子，我心里就暗暗欢喜。自那之后，我发现他几乎不拿别人的东西了，而是忘我地用劳动来挣零食。

前几周校长又来巡堂，我兴奋地告诉她："阿坤不偷东西了！"校长开心地笑了。我们都为这神奇的转变而暗暗称好！

专家点评

从故事中我们可以看出，谢老师是一个有着敏锐感觉、细致而耐心的老师，针对学生问题行为有自己的一套方法，这套方法也常常成为"破案"神器，依靠一点点"蛛丝马迹"就能将不翼而飞的东西找出来。

但是作为一个特教老师，并不是仅仅做好"福尔摩斯"就够了，还得让学生的行为发生良性的改变，努力成为一个有尊严的人。所以，重要的是故事的后半段，找到问题后如何去解决，如何去消除"偷拿"这个行为。谢老师立即调整策略，采取"扣分"处理，"延迟"放学时间，"扣除"所有零食，这里我们可以看作是"惩罚"，也就是当学生做出偷拿的行为后，让他立即感受到他可能不喜欢的结果：扣分、延迟放学、扣除零食等。

接下来，老师的目的是期望偷拿的行为被弱化，直至不出现。于是，与学生约定他能理解的"契约"——如果不拿人家的东西，星期五就给他发回零食，这里可以看作是正向的强化奖励，不过也可能是延迟的奖励，因为学生每周要在学校待五天。但这个策略作用不大，仅仅维持两天就打破平静。

事情的转机得益于谢老师的主动求教。从“百思不得其解”可以看出，谢老师在遇到校长之前已经独立思考了很久，也一定通过学习查阅资料做了很多内部的建设和调整，可贵的是，谢老师没有故步自封、停滞不前，而是主动地寻求答案，终于，看到了进步的曙光。因为学生的问题行为太多，矫正时间很漫长，所以可能收效甚微，老师可能在很长一段时间内得不到职业成就感，从而有所懈怠。在面对各种各样的问题时，真的需要多问，有时一句话、一个小小的线索就可能碰撞出智慧的火花。

说回主人公，其实特教老师对学生的行为都会有一个基本的判断，我们宏观地看这个故事，阿坤“偷拿东西”是老师不期望出现的行为，希望能减少它；阿坤“忘我地劳动”是老师期望出现的行为，希望能增加它。有意思的是，对于学生来说，这两个行为最后的结果似乎是一样的，那就是——吃！只不过一个是不用劳动偷拿零食吃，另一个是努力劳动挣零食吃，两个行为的结果是一样的，关键要看我们能否紧紧抓住并运用这个因素。

校长所说的方法，其实是运用了差别强化中的行为强化和反应消退原理，需要提醒老师们的是，当学生表现出偷拿行为也就是不期望行为时，老师给予的关注恰恰无意中强化了这个偷拿行为，不仅不能消退问题行为有时反而会起到反作用——所以要尝试另一面，当学生出现积极劳动也就是期望行为时，要得到更频繁、更及时的强化，同一时段，学生的注意力只能专注一件事情，这也可以称为相互抵制行为的区分强化。这种方法值得老师们借鉴。

走进孩子的世界

王婷婷

小煜，男孩
11岁
多动症

最初了解到的“特殊需要儿童”只是书本上描述的定义，等真正面对他们的时候，就会发现书本上描述的只是他们的一些显著特征，实际上他们总是会出现各种各样的状况。

来到学校的第一天我就“大开眼界”，那时校长正在给我介绍学校的环境，当我们走到院子的时候就看到一个个子不高、脸圆圆的小男孩正躺在地上耍赖，校长转过头来对我说：“这个孩子你以后要注意一点。”我点头应着，然后又跟着校长继续往前走，那时我并没有完全领会这句话的深意。直到我走进班级，看到那个圆脸男孩坐在第一排，心里不觉一紧。这个小男孩叫小煜，他的班主任给我介绍了他的一些情况并叮嘱我，一定不可以让他离开我的视线。

小煜是一个典型的多动症孩子，他是学校里出名的“淘气王”，提到他，每个人都有一肚子的苦水。他没办法集中精力，没有一刻是闲着的，让他坐好他就不停地说话，不让他说话他就搞破坏，还经常把粉笔盒里的粉笔全部倒在地上，把同学的书本撕成条，抢同学的东西然后扔到一边，把班级里的拖把、同学的书包从阳台上扔下去，同学们对他是怨声载道。他还常常跑到办公室搞破坏，进去就翻箱倒柜，趁老师不注意就抢东西或者打一下，然后转身就跑，老师们也都避之不及。他还会跑到洗手间把门反锁，然后把洗手液、消毒酒精等物品全部倒掉，就连垃圾桶也不会放过，保洁阿姨也连连诉苦。每当有老师阻止他的破坏行为时，他就嘴上说着会改，转身又继续自己的行为，如果继续阻止，他就会躺在地上哭闹。

面对这个让人头痛的孩子，我利用一段时间仔细观察他的行为特点，记录问题行为出现的频率，总结问题行为的前因后果，也就是运用“ABC行为分析法”，通过他的这些行为反应，探究到底是什么原因、什么前提事件诱发他的这些行为，然后再观察行为反应导致了什么样的后果。我利用一切可以利用的时间来尽可能地了解小煜，发现每天接送他的都是奶奶。原来小煜的父母都在很远的地方上班，而且家里还有一个弟弟要照顾，由于小煜过于淘气，总是欺负弟弟，不是打弟弟就是抢弟弟的玩具，就只好由奶奶带着在学校附近住，只有周末才能回一次家。所以小煜缺乏父母的陪伴和关爱，极度缺乏安全感，又觉得自己不受重视，所以总想哗众取宠，用一些破坏行为来引起他人的注意。由于这些破坏行为经常会受到父母的打骂，他就习得了这样的攻击行为，当他攻击其他人或者抢东西时，别人就会下意识地躲避或者就把他想要的东西给他，他得到了满足，攻击行为又得到了强化，于是愈演愈烈，变成了现在这样。

弄清楚问题行为的原因，就可以对症下药了，于是我为他制定了一些矫正策略。

第一，转变对他的态度，给他足够多的关心与关爱，通过和他闲聊来走进他的世界。每次课间我都会蹲下来，拉着他的手和他聊天，从开始聊吃什么饭、去哪里玩，到他给我讲看过的动画片里的情节，这样一方面让他感受到外界的关爱，另一方面也占用了他搞破坏的时间。同时，我也努力和他的家长协商，让其多分一点时间、一点关爱给他。

第二，转变教育方式，对他的问题行为进行“冷处理”。当他出现问题行为时不去关注他，这样几次过后他觉得没意思也就不再做了，但是“冷处理”并不意味着不处理，在事后和他聊天中要有意识地纠正他的行为。

第三，为了让小煜能够模仿好的行为，在班级里给他安排一个同伴。这个同伴能够随时提醒他，并给他树立一个榜样。老师表扬同伴好的行为，让小煜也模仿，并且小煜模仿后也会得到表扬，这样他逐渐学会了许多好的行为。比如有一次，下课后有同学主动去擦黑板，我随口表扬了一句，小煜看到后急忙抢过黑板擦又擦了一遍，我随即称赞小煜擦得更干净，要是用湿抹布再擦一遍就更好了，于是他就去洗抹布，回来又拿湿抹布擦了一遍。我又给予小煜一次强化，后来每次下课，小煜都会主动擦黑板。

在接下来的日子里，小煜被“告状”的次数越来越少了，课堂上他也能安静地坐个三五分钟，老师也不用总是担心他一脱离视线就去“搞破坏”。其实每一个孩子都有最质朴最纯真的一面，虽然这个“小淘气”还是会偶尔做出一些令人抓狂的事，但接触的时间久了就很容易看出他的小心思。在教学实践的过程中，我也懂得了要因材施教，每个孩子都有自己独立的内心小世界，我们要走进孩子的世界，了解孩子的情感需求，用心发现孩子世界里的光，像对待朋友那样平等地去与孩子沟通。

世界上没有两片相同的树叶，人与人之间也各不相同，面对不同的孩子要使用不同的方法和策略。每个孩子都是一颗种子，只是花期不同，只要用心浇灌，他们都会绽放出别样的光彩！

专家点评

看到这个“耍赖”的学生，我们都有似曾相识的感觉，特教老师们可能特别熟悉这样的画面，因为几乎每个班都会有，每所特殊教育学校都会有不少这样的状况。孩子们很不容易，正因为智力、专注力、行为等有问题才会来到特殊教育学校，有些孩子其实也想自控却难以做到，甚至需要药物的帮助才能勉强融入集体生活。比如，在一些有注意力缺陷的孩子中，智商较高的孩子很多时候想去控制自己的行为，却因为身体、生理、大脑、神经等的原因，怎么都控制不了自己。

王老师遇到的问题，也是新老师需要面对和克服的问题，确实是比较棘手的。从王老师的角度来看，孩子从没办法集中精力到能安静地坐个三五分钟，已经很不错了，说明王老师的努力卓有成效，已经取得了阶段性的突破！

孩子的行为“乱”，为何乱？单从行为来说，可能有三种情况：第一种情况是因为他不知道什么叫“不乱”，这类孩子我们先要教他懂规矩；第二种是孩子或许知道，但他不服从，针对这类孩子，我们要帮助他建立服从意识；第三种是孩子知道，他也有服从意识，但是他没有能力，比如我们的一些脑瘫孩子，行动不便、手眼脚不协调，我们要给他们提供支撑，进行康复训练，提升能力，让他们做起事来没那么乱。王老师也了解到，因为家庭和养育的问题，小煜在成长过程中可能没有得到正确的引导，不太知道合适的行为应该是怎样的。初步看来，除去服从等问题，他的情况可能属于第一种，需要有正确的示范和引导，需要老师教、同学带。王老师尽自己最大的努力营造氛围，提供支持，不仅时时教育，还从各方面给予关爱，让小煜慢慢地发生改变。

我们看到，针对一系列的问题，王老师也是秉承“三定”原则：定性、定因、定策。一开始就用一系列描述将一个可能是典型的有注意力缺陷障碍的孩子展现在我们眼前。

同时，我们也从王老师的描述中看到孩子的智商是中等偏上的，对事物能理解，能沟通，能对话，甚至还能口头应允——每当有老师看到他的破坏行为前去阻止时，他就嘴上说着改了，转身又继续自己的“破坏”。王老师利用一切可以利用的时间来观察、摸底，仔细地记录，探究到家庭的原因，认识到他本身就患有多动症，又加上留守儿童的身份，这对于孩子来说毫无疑问是雪上加霜。

其实孩子是非常令人心疼的，王老师也有着特教老师的细腻和悲悯，尽可能地给予孩子温暖——转变对他的态度，给他足够多的关心与关爱，通过和他闲聊来走进他的世界。“占用了他搞破坏的时间”，这是非常关键的一点！当我们将孩子的空余时间都用有意义的事情填满，这其实也是预防问题行为出现的有效手段之一，我们一直说“不能闲着”，其实对所有人群都适用，尤其是对特殊需要儿童！

在恰当的“冷处理”这点上，王老师做得很好，在什么时候“冷”，什么时候“热”，本身就是差别强化，能让孩子建立正确的概念，也能看出王老师有度的把握。这一点作为新老师难能可贵，很多新老师将“冷处理”等同于“不理会”，最后愈演愈烈，导致孩子的问题行为升级。王老师同时利用社会学习理论，通过榜样的作用——在班级里安排一个行为规范的同伴，能够随时提醒他，并给他树立一个榜样，让孩子逐渐学会了许多好的行为。老师的及时强化和间歇性强化也让小煜不断地生发出良好行为，直到行为变得巩固和稳定，能在合适的时间做出合适的行为，如后来每次下课，小煜都会主动擦黑板。

当然，能安静坐个三五分钟还不够，还不足以上完一节 30 分钟的课，还有很多小问题没有解决，所以，还需要增强孩子的自我控制的训练，发展孩子的有效交流能力，让孩子学会解决问题，改善与同伴的人际关系；在教育教学方面也可通过环境设计、座位摆放、动静结合、奖惩结合、控制时长、即时奖励等方法让孩子的能力得到不断的提升。

不一样的教育，我们陪着孩子慢慢来

李　希

小予，男孩
12 岁
孤独症

“走开走开！”“妈妈的钥匙哪去了？”“是妈妈吧？”……小予同学在二年级时开始进入集体班级学习。进入班级学习的前几周，他完全没有沟通意识，也不听指令，只是嘴巴不停地大声念叨；在教室里坐不住，喜欢摇晃桌椅；莫名地发脾气，如踢桌子、摔椅子。班级已进入平稳阶段，而小予的中途加入几乎打乱了所有的教学计划。我对小予进行了更深入的观察和了解才知道，这个孩子远不止是妈妈口中只有癫痫的孩子。家长对孩子的期望过高，也没有正视孩子的障碍，导致前期老师对他的障碍类型没有一个定论。

我始终相信这么一句话：你教室里的每一个孩子，都是某些人的整个世界！

为了让小予以后有更好的发展，我组织搭班老师在部门内邀请领导、专业老师进行研讨，针对这个孩子开展了一场IEP（个别化教育）研判会，为他今后的培养确定方向。研判会整合了教师、家长、行政人员和其他IEP团队成员的意见，根据孩子的障碍程度、成因、学习优劣势、未来发展潜能、障碍影响、建议对策、安置措施、教育对策等方面做出了综合分析，达成了教育共识。整个研判会要求家长全程参与，为的是要家长及时反馈孩子的真实情况，正视孩子的问题，配合学校教育。会后我们向家长提出，家长要在孩子入校的适应期进行陪读，让孩子有个适应过渡，从而在拥有足够安全感的情况下慢慢适应学校生活和集体学习。前期家长做到了积极配合，按时带孩子上学放学，陪伴在孩子身边，参与指导孩子学习、训练。后来，当我们看到小予能在教室里安静一段时间，互动方面也稍有起色，情绪还算稳定时，我们就让小予妈妈慢慢放手，撤离教室了。

突然有一天，小予一来到教室门口就尖叫“不要老师！”“把老师踢出去！”“老师欺负小孩！”……那天他怎么也不进教室，在门口踢门，到班里根本无法上课，我的大部分时间都是在做他的安抚工作。这样的情况持续了一段时间，我也与小予妈妈进行了沟通，小予妈妈只说：“他就是不想上学。”可我总觉得问题没有那么简单，小予现在到学校都会热情地喊我李老师了，我想他应该已经接纳我了，为什么会出现这样的行为？问题出在哪里？我平时对插班的孩子总是会特别关注，加倍呵护。为了能多方深入了解小予的状况，当天我特意不吃饭，来到食堂看望小予，远远发现孩子正跟随另一个家长走向校门口。于是我追过去询问情况："为什么是你接他？他妈妈呢？中午不是不能随便把孩子带出去吗？"从接孩子的家长口中得知，小予妈妈说自己没时间接送孩子，但又不想让班主任知道，就干脆不接小予了，中午还让其他家长带着他在外面加课（写字、做算术）。

发现孩子的异常行为后，我已经多次跟小予妈妈沟通，告知她，像小予这样的孩子，如果贸然改变他的生活环境、生活规律，强迫他做不愿做的事（写字、做算术），或者让他在一个陌生的小环境下与人单独相处，势必会引发他的情绪。看到眼前这样的情形我再次找到小予妈妈，可她却还是重复那些话："他到学校进步很大，但他都还不会写字，他要是个正常孩子，他一定拥有美好的人生……"虽然我很能理解小予妈妈望子成龙的心，但看到孩子出现的状况，我总是会心里酸酸的。

我又回想起小予妈妈嘴上虽说为了孩子好，但是当我申请下午让孩子在校接受专业动作训练，让小予妈妈陪伴时，她不是迟迟不到，就是干脆不到，每每都是别的孩子都有家人陪着练习，小予却总是等不到妈妈，陪伴的总是老师。每每与小予妈妈沟通，她却总认为孩子迟早是要离开父母生活的，可见父母的教育及陪伴意识根本没有跟上。在这种情况下，小予大吵大闹的行为愈演愈烈，叫喊的语调越来越高，吵闹也越来越频繁，还伴随着扔桌椅、推老师等不良行为，教室里的东西都遭到了破坏。而我只能反反复复、不厌其烦地与小予妈妈沟通，让她慢慢放手，给孩子建立安全感，停止中午的加课，提前让孩子预知要发生的事情。坚持了一段时间后，孩子的情绪好多了，对其他学生造成的影响也没那么大了。

之后，我忙于工作，没有投入太多的精力放在和小予妈妈的沟通工作上，在这个时期孩子又出现了新的问题，他总是会念“把我接回去吧”。到了星期五，他就表现得特别焦虑，又开始不顾场合地随时大声念叨，但这次念得不会很乱，而是重复一句话“把我接回去吧”，同时在教室坐立不安。通过了解得知，原来他妈妈又把他交给另一个孩子的妈妈带，头几天还只是让人家放学带一带，晚上会接他回家，后面干脆周一至周五都在阿姨家吃住。老师发的信息她总是很久之后才有简短回复，她甚至把带小予的阿姨拉进我们的班级群，把孩子全然交给阿姨了。做这位家长的工作令我心力交瘁，只能先放一边。为人师、师者心，我得先分析孩子为什么会反复出现这样的行为。

我想，关爱学生就是走进学生的心里，做学生喜欢的老师。为了投小予所好，我让小予妈妈拍了一张与小予的合影，将照片贴在小予的桌子上，让他随时可以看到，并告诉小予，想妈妈了就看看照片。在照片后面我设置了 A、B 贴，每周一小予到校，我都会在他面前贴上五颗他很喜欢的笑脸星星，每天放学取下一颗，告诉他，星星全部给老师了，就放假了，妈妈就会接小予回家。周五上午，我定时提醒小予妈妈记得接小予，告诉她答应孩子的事情请一定做到。一段时间后，他的碎碎念少些了，再后来周一至周四期间几乎不念叨了。现在他已接触到数字，桌面上的星星我也更改成数字。这个方法还挺奏效，现在只有到了周五的午餐时间，他才会问：

“妈妈来接我吧？”

不一样的教育，我们陪着孩子慢慢来。

我在教室内设置了很多的视觉提示情境。我给小予选定了照片、星星贴贴和数字，经过长期的训练很好地改善了小予反复念叨、闹情绪等自发性反应行为。目前小予已经建立了新的适应行为，因孤独症而引起的问题行为已得到了明显改善。

教学有法，而教无定法。什么样的孩子有什么样的问题，需要什么样的方法教育，是我们老师一直在摸索的工作。接下来，家长工作会成为重点，要想我们的教育教学工作能更顺利地开展，还得从转变家长观念、增强特教理念入手。

孩子的点滴进步，让我们感受到了其中的美好！孩子障碍的复杂性、多样性让我们的教育教学方法也更多样化。特教学校的班主任，扮演的可不只是老师的角色，还有调解员等诸多角色。我想，专业知识只能解决孩子的问题，家长的问题还真得用上大管家的本领。

专家点评

看完这篇故事，我心里有些沉重。这样一个插班的特殊需要儿童，还没有感受过这个班级班风的熏陶，没有接受过班级长期建立的规范行为的训练，孩子的一切行为都是未知，甚至会将班级里原有的秩序打乱；老师与家长无法达成共识，家长不配合不支持，甚至因为种种原因无法进行有效沟通……

面对这些问题，李老师努力地整合各方力量，推进孩子的适应。

李老师在班级管理上很专业。特殊需要儿童的中途插班，是老师们最担心的，有很多问题需要操心，比如孩子的基本情况如何、行为表现如何、学习特点如何，班级能否包容孩子等，李老师没有让这种焦虑蔓延，而是组织召开碰头会，进行系统、全面的规划。李老师也很清楚家长与学校是绝对的合作伙伴关系，所以要求家长全程参与整个研判会，为的是要家长及时反馈孩子的真实情况，正视孩子的问题，配合学校教育。在李老师的组织下，会议很快形成决议。会后提出请家长陪读，让孩子快速适应，并制定出方案，立即实施。这个过程非常干脆利落，很值得我们一线班主任学习。

在前期家长做到了积极配合，小予同学能安静，互动有起色，情绪趋向稳定，老师也及时地让家长撤离教室，这种动态的及时调整在特殊教育学校很有必要。同时，李老师也提出一个很有价值的问题：特殊教育学校的班主任除了是任课老师、班主任，是否还要扮演多种角色？我们可以思考：特教班主任是服务提供者，是向学生和家长提供特殊教育服务的人，同时又是倡导者和支持者，除了教育教学之外，我们还要向家长倡导正向的行为，还要鼓励学生在可能的情况下自强自立，克服困难，这些是直接的角色。而在特教班主任的职业生涯中，可能还要扮演许多间接的角色，比如像李老师说的关系协调者、管理者、资源链接者、研究者……

李老师注重矫正与沟通并重。我们来看小予最初的状态，他当时完全没有沟通意识，也不听指令，只是不停地大声念叨；在教室里坐不住，喜欢摇晃桌椅；莫名地发脾气……因小予的中途加入，班级所有的教学计划几乎都被打乱了。在最初的阶段，孩子基本的服从和互动的能力都没有，经过老师的努力及家长的陪读，孩子的情绪慢慢稳定，能安静下来，有了基本的服从和互动意识。

如果按照这个节奏下去，孩子的情况会一天天往好的方面发展，但事情有了转折——突然有一天，小予一来到教室门口就尖叫，不愿意进教室，根本无法上课……这时老师利用休息时间进行了跟踪，才发现事情的真相，原来家长的行为几乎和老师的预期计划背道而驰。后来孩子大吵大闹的行为愈演愈烈，老师反复与小予妈妈沟通，要求家长慢慢放手，给孩子建立安全感，停止中午的加课，提前让孩子预知要发生的事情。坚持了一段时间，孩子的情绪好多了。

之后，孩子的情况再次反复，每天重复一句话“把我接回去吧”，在教室里坐立不安。老师运用行为建立、视觉提示等方法让孩子减少焦虑：拍合影，贴照片，用孩子很喜欢的笑脸星星，实时“播报”呈现。在老师的努力下，小予的情绪逐渐变得平稳，行为也逐渐变得温和。而在这个过程中，是李老师一直在跟家长密切沟通，引导家长如何配合，否则无法达到这样的效果。

李老师有这么一句话：“接下来，家长工作会成为重点，要想我们的教育教学工作能更顺利地开展，还得从转变家长观念、增强特教理念入手。”

这句话其实有着普遍的启发意义。在特殊教育学校里面，家长工作实在是太重要了！如果说普通教育是“一分耕耘一分收获”，特殊教育可能是“十分耕耘”才有“一分收获”，但如果有家长的配合，或许能有“六分收获”，如果有家长的主动支持，才可能有“十分收获”。

特殊教育学校的家校沟通，难点在于绝大部分家长几乎没有针对特殊需要儿童的教育经验，他们很难与学校、老师达成共识，这也是现实存在的矛盾。所以，对比普通学校的老师，特教老师起码有两个职责要担负起来：一是要教会家长了解孩子的特殊性和差异性；二是理性对待孩子的特殊性，帮助家长建立合理的期望，帮助孩子更好地成长。

邦邦的故事

符娇娇

邦邦，男孩
8岁
孤独症

这个外表阳光、形象帅气、性格明朗的男孩，叫邦邦，就读于特殊教育学校的二年级，是个孤独症儿童。邦邦来学校两年了，关于他的故事，要从一年级时说起。

初来乍到

2021年9月，初来到学校，邦邦表现得非常焦虑不安、敏感、抗拒和不知所措。具体行为表现为：在课堂上无法安坐，会突然跳起来，在教室里反复绕圈转悠；在沟通上缺乏技巧，会推同学，拍打同学脑袋，在课堂上尖叫，反复敲打桌子；服从意识较差，不愿配合学习任务，不愿排队；缺乏呼名反应，当别人叫他名字时，他很少理会别人；兴趣爱好单一，他对物体的兴趣要远远大于对人和周围环境的兴趣，当进行课堂互动环节游戏时，看到老师和同学在互动，便自顾自跑去玩玩具，即使老师要求排队时，他还沉浸在其他事物中，无视排队的指令。

刚步入校园时，老师为了帮助学生更好地适应环境，会树立一日常规，包括课堂纪律、午休纪律等。由于邦邦对日常行为规范缺乏理解，有时会做出很多不符合场景的行为，比如，他会突然冲出教室，跑到教学楼的其他楼层、操场、游乐区、食堂、宿舍，即使上课铃响了，同学们都进入教室坐好了，我也没看到邦邦。那时，想要找到邦邦，就得借助其他老师的力量。于是在学校公共区域和功能教室，总有老师寻找的身影。我时常调侃，如果参加 800 米长跑比赛，培智班的班主任们绝对是场上跑得最快的选手。

邦邦开心时，会不停地晃动身体，蹦蹦跳跳，反复自言自语，拍打桌子，趴在地上，有时会跑到我面前嬉笑着哼歌，和我玩起“打电话”的互动游戏，开心地用手比作电话，表达他喜悦的心情。有时，不知道是什么原因让他难过了，他就很委屈地擦拭眼泪，猛敲桌子，十分尖锐地呐喊一些语句，拍打自己的脑袋，一副很憋屈的表情。由于存在沟通障碍，他不懂表达自己的内心感受，很多时候，他只能通过别人不理解的情绪行为来表达情感，看到他不开心，我便安抚他的情绪，询问他有没有被人欺负。

令人头疼的“小动作”

邦邦刚来学校时，常因为需求得不到满足，而对同学大打出手，有时是想抢对方的玩具、零食，有时想将喜欢的“领地”占为己有。这时他会猛打同学脑袋，用力推同学致摔倒才肯罢休。班上同学都害怕他，他们常常莫名其妙地被邦邦打，因此经常向我告状。有一次，邦邦因为想独坐动物石像，便将同学从石像上推下去，这一推可不得了，直接导致同学手臂关节骨折。

由于邦邦打人的频率和强度越来越高，且打人的速度很快，常以迅雷不及掩耳之势动手，往往来不及制止，因此老师和家长也很头疼。那时，在家长群里总有家长说自己家的孩子又被邦邦打了，这里淤青，那里破皮的，我十分自责，下定决心要为邦邦塑造良好的行为，尽快带他熟悉学校环境，把这爱打人的行为慢慢改掉，帮助他树立规则意识。

孤独症儿童的问题行为，背后往往是有原因的，所以，邦邦也不会无缘无故地打同学。我通过以下方式了解邦邦频繁打人的原因。其一，在学校里，我通过行为观察记录表，记下了邦邦每次要打人之前发生的事件，以及行为的发生过程和结果。其二，与家长沟通，这是了解邦邦的重要途径。

我了解到，邦邦有个弟弟，才刚学会走路。自从有了弟弟，妈妈和爸爸陪伴邦邦的时间减少了许多，有时，看到爸爸抱着弟弟，妈妈在逗弟弟玩，邦邦便面露不悦，使劲拉爸爸的手，也想爸爸抱抱他，有时他会故意捣乱，想要爸爸也陪着他玩。有一次，他趁着妈妈去厨房的空隙，居然高高举起弟弟准备将其扔下，还好妈妈听到弟弟的哭声，及时返回才制止了邦邦的行为。

通过分析，我了解到，邦邦很多时候尖叫、敲打物体发出声响，是想获得老师和父母的关注；他打人，是想得到别人手里的玩具，不想其他人干扰到他的“领地”；不愿配合学习活动，离座，跑出教室，是想逃避上课；除此之外，邦邦之所以敏感、脆弱，缺乏安全感，很大一部分原因来自家庭。邦邦父母都是教师，邦邦妈妈说，自从有了弟弟，父母的心思都放在弟弟身上，下班后爸爸妈妈就抱着弟弟玩，较少关注邦邦，平时让他自己玩，看到爸爸妈妈忽视自己，他心里难免失落。由于存在沟通障碍，他只能通过倒腾东西发出声响和发脾气来获得父母的注意，表达自己的情感需求。

在磨合中成长

了解到邦邦打人的原因后，经多次沟通，我与他的父母制订了干预计划，从邦邦的“需求”开始干预。

邦邦对糖果缺乏抵抗力，爱吃糖果，我便将他最爱的棒棒糖作为强化物，引导他开口表达需求。在教室里，若邦邦能安坐，每隔十分钟，我会奖励他尝一口棒棒糖，表扬他坐得好、不乱跑；当他注意力稍微分散时，我会叫他上讲台参与互动小游戏，给予他一定的关注；当他对着同学的零食和玩具目不转睛时，我会带着他走到同学面前，引导他开口说“我想要，请给我”，随即他会得到玩具和零食。之后我将同学的角色转换为科任老师和生活老师，带着邦邦向老师表达请求。经过多次训练后，我将其表达请求的场景，泛化到教室、食堂、户外和宿舍。在训练的时候，我让他反复练习有关请求的语句。为了让他更加理解请求的内涵，我加入同伴示范教学，让邦邦看着老师和同学们之间是如何开口表达请求的，引导其模仿。若他配合得好，我会用口语鼓励和糖果进行强化；如果他打了同学，我会向他严厉地说明打人是不可以的，并撤销他最爱的糖果奖励，要求他在我画的圆圈中站立三分钟。

功夫不负有心人，干预的成效逐渐显现。有一天，邦邦的表现让我记忆深刻。邦邦在宿舍玩一枚硬币，硬币不小心从上铺的床上掉了下来，之后他突然眼神注视着生活老师，说道：“硬币掉了，捡起来。”生活老师见状非常惊讶，为他捡起硬币后，很开心地表扬了他主动请求的行为。我知道以后，激动得红了眼眶，要知道，一个孤独症儿童能如此从容地表达需求，是多么难得。

班里的孩子个个乖巧懂事、通情达理，虽然年纪小，但是他们共情的能力让我感到很温暖。他们平时也观察到我带邦邦的样子，当邦邦找我要零食时，需要说“我想要，请给我”，我才会给，而他们也学到了这样的做法。有次课间，我无意中看到邦邦找同学要吃的，同学们教他说“我要吃”，邦邦居然很听话地跟着说“我要吃”，随即获得同学的零食。他学得很快，第二次又走到同学面前伸手说“我要吃”。看到这一幕我感到很欣慰，连同学们都懂得要支持、帮助邦邦，瞬间我觉得付出再多的精力，都是值得的。

老师们说“他变化很大”

经过一学期的沉淀，邦邦进步非常大，好多科任老师都和我说：“天呐，这是邦邦吗？与之前的表现对比，简直判若两人啊！”听完这些话我也十分开心，或许这就是教育的意义吧，孩子永远是发展中的人。就如我们的校训所言“以生为本，以爱为源”，孤独症儿童就像向日葵一般，虽然成长的步伐很慢，但他们始终向阳而生。

如今的邦邦，温暖阳光，是老师和同学们的贴心“小助手”，他亲近老师，团结同学，同学喊他一同去领取营养餐，他很乐意，还将牛奶、坚果摆放得整整齐齐；他能独立擦黑板、拖地、摆正桌椅；上课铃声响了，他会自觉回到教室坐好；当遇到丰富有趣的课堂互动环节，他还会笑嘻嘻地扭动身体，也想参与到活动中来。除此之外，邦邦做事有条理，爱干净，讲卫生，从来不会乱丢垃圾，吃完的果壳、水果皮，他会丢进垃圾桶，哪怕是在操场吃零食，他也会把吃完的零食袋子紧紧握在手里，回到教室后再丢进垃圾桶。在沟通与交往方面，当有需求时，他会主动地看着对方，用眼神说出他的意愿。当他想吃零食时，他会说“我要吃”；想得到他想要的物品时，他会说“我想要，请给我”；当他用餐结束，会端起碗说“倒掉”。他也慢慢懂得了什么是对的，什么是错的，意识到不可以做某件事时，他会说：“不可以！”有一次，他想拿我桌上的零食，可他意识到这是不可取的，便对着我说“不可以”，然后识趣地走开了。

这一年来，邦邦的规则意识提高了很多，与人的眼神对视交流变多了，就连与同学、老师交往的主动性也增加了不少。有一次，他拉着我的手，走到零食柜边，对我说：“打开。”我将锁头打开后，他十分高兴地说：“对啦，真棒！”他的进步，也得益于家长的支持与配合。我多次与邦邦妈妈沟通，在日常生活中要充分利用周围环境创设语言环境，想尽办法教会邦邦辨认不同的场景，并用语言表达，同样，在学校中学到的知识，我也希望他可以迁移到家中。

邦邦是个温暖懂事的小男孩，相信今后他的路会越走越精彩，正如风雨过后，一定能看到鸥翔鱼游的水天一色。

专家点评

符老师的这篇故事很有代表性。“找人”绝对是特教老师的看家本领，因为时不时就要上演。一次开讲座时，一位男老师跟我互动，他无意中说的一句话让我动容：“他（学生）一跑出去我们就要去追，他爸爸有些精神障碍，负责陪读，他爸爸跑出去我们也要去追，我就让搭档看班我去追，因为我跑得快一点嘛。”有时，老师们背负的不仅仅是教育。就像符老师在故事里的调侃，很多老师又何尝不是如此呢？

“被家长问责”也绝对是特教老师和融合教师的日常，要有超强的心理承受能力和超高的行为矫正技术，否则老师们既不能安抚到被伤害的学生和家长，也不能矫正有问题行为的学生。特教老师要联合特殊需要儿童的家长共同努力，才有所成效。

孩子身上有小擦伤小划痕还好办，最怕的就是出现严重伤人这样的问题，让我们既心疼又自责，正如文中，邦邦“将同学从石像上推下去，这一推可不得了，直接导致同学手臂关节骨折”。确实，孩子打人的速度之快、动作之迅速，即使是老师24小时守在孩子身边，也防不胜防，老师的身手再敏捷也无法做到每次都阻止成功！

不过，符老师并没有沉浸在情绪里，也没有推卸责任，而是勇敢地承担了起来！她主动出击，下定决心要为邦邦塑造良好的行为，把这爱打人的小动作慢慢改掉，带他尽快熟悉学校环境，帮他树立规则意识。毫无疑问，符老师是一位优秀的老师，既有对孩子的疼爱，更有改变不良行为的决心。

用温柔的坚守，静待每一朵花开

在这里，我们很少看到符老师暴风骤雨式的矫正对待，更多的是温和的坚持和温柔的坚守，当然，这也和孩子的实际情况是分不开的。从整篇的描述来看，邦邦有需求，我们说是有“可教性”的孩子；有表达，即使是不合适的表达，也通过他的行为表达了出来。所以老师要教会他在不同的时间、不同的环境里合适地表达自己。

孩子的问题行为之所以会发生，从动机来说，可能有自我刺激、行为逃避、寻求关注、需求得不到满足等原因；从能力来说，可能有能力不足的原因，他们不能把自己的需求表达清楚；从环境来说，可能是进入到一个新的环境后因为不熟悉而不能适应环境的变化。这所有的冲突其实都指向了其中一件事，即邦邦不懂合理地表达，而教他懂得合理表达的过程，其实也就是在控制前事行为和调整环境的生态。

符老师也是这样做的，从邦邦的需求开始干预。开始时利用邦邦爱吃糖果的需求，确定一定的奖励比例，当他对着同学的零食和玩具目不转睛时，符老师带着他走到同学面前，引导他开口说“我想要，请给我”，随即他会得到玩具和零食。

在固定人群中逐渐建立被动服从之后，开始扩展至不同的人群，让被动服从向主动服从迈进；有了一定数量的多次训练后，再结合真正的环境进行巩固、检验和实践，多次泛化后的结果有可能让孩子形成比较稳定的行为表现。在此过程中老师的强化和惩罚也是及时地跟上、撤销和扣除。

我们也看到，老师的“惩罚”非常温和，“要求他在我画的圆圈中站立三分钟”，确实，惩罚这件事并不需要如何严厉，只要这个事情或这个刺激对孩子来说是不喜欢的或不舒服的，能让他的问题行为减少或删除，就是有效的惩罚。

果然，孩子后面的表现可圈可点，邦邦在宿舍玩硬币时，硬币不小心掉下床，会主动对生活老师说：“硬币掉了，捡起来。”确实，对于孤独症儿童来说，有眼神对视是一件很了不起的事。

用良好的示范，影响每一个生命

符老师的良好示范行为，每一天都在润物无声地影响着身边的孩子，所以才有了无数个“小老师”。

现阶段培智班里的其他孩子可能是孤独症儿童在互动方面的最好帮手。

当邦邦得到了正确培养后，确实可以与其他同学产生一些“共情”，会让人感觉到温暖。从某种程度来说，这也是一种很好的融合，说明这个孩子的智力水平不低，有基本的观察能力，也有基本的模仿能力，这让符老师感到很欣慰。

三全育人，是针对高校提出来的，其实，对于特殊教育来说，更是如此。只有全员全程全方位，特殊需要儿童才能真正成长，对于绝大多数的特殊教育学校的班级来说，三全育人的核心就是班主任。所以，班主任的一言一行对学生、其他科任老师、家长都有着非常重要的影响。

符老师的这篇故事启发我们，如何循循善诱、诲人不倦，如何教导有方、无微不至，让一个孤独症儿童在短时间内快速转变，得到提升。

这个故事也让我们思考，如何既用言语来教导，又用行为来示范，如何以自身的行为和魅力，塑造每一个学生，影响每一个生命。

唤醒一个美好的“你”

陈　鹤

然然，男孩
14 岁
智力障碍

然然是一名特殊需要学生，患有智力障碍，被评定为三级智力残疾，不识字，却有着非常强的自我服务和生活适应能力，在我的班级里是 A 类生。就是这样一个优秀的男孩，因为父母也有轻微智力障碍，没有能力给孩子进行正向行为的引导，导致他有着自认为正常的偷盗行为。

我和然然“斗智斗勇”已经有三年半的时间，几乎每隔一个月，派出所的警察就会联系我。不过，故事的转折点是那年 9 月开学初发生的一件事。

那天，开学典礼刚结束，本该回家的然然爸爸又回来找我，要给孩子请个假，晚上再送回学校。我问：“有什么急事吗？”他爸爸支支吾吾地说：“派出所说他偷了一辆自行车，不知道藏在哪里，让他配合调查。”我的心“咯噔”了一下，可能是这孩子的偷盗行为又出现了，这次我一定要想办法让他彻底改变。

等待是漫长的，我反复地想明天要用怎样的方法，让他牢记教训不再偷盗，又在心里假设遇到不同情况，我该如何应对。终于等到第二天上班，没想到的是，我看见他的第一个场景竟然是他在帮助班级的另一名男同学上厕所。我站在厕所门口，看着他协助同学擦拭、提裤子，也看到了他的善良和爱心。于是在他把同学送回教室以后，我悄悄地带他到办公室，用温和而真诚的目光看着他，一分钟过去了，我们相对无言，当时间过去两分钟时，他终于低着头看着自己的脚尖，轻声地说：“我想要自行车，我没有，我不该拿别人的，警察找我了。”我对他说：“这次你做错了，不是自己的东西，即使再想要也不可以拿。”我告诉他，这次爱心人士会帮助我们完成微心愿，我会给他报一辆自行车作为礼物，如果这个学期末派出所没有再来找他，我就把这个礼物送给他。他和我一起在手机上搜索自己喜欢的自行车样式，然后我把他的姓名填写到表格里，并附上自行车的图片一起报送了上去。最后我们用握手结束谈话。也许是这一次温和的谈话有具体的目标和奖励，也许是我们私下里的约定给他留有面子，然然开始转变了。

他更加积极主动地管理班级学生排队，从小班长上升为班级“小警察”，佩戴“警察证”。他常常一本正经地对同学们说：“我是警察，不好做坏事情的！”他还荣升为学校农场队队长，带领五名同学组成养鸡小分队，负责清理鸡舍和喂食。他认真负责的态度得到校长的大力表扬。终于到学期末，在散学典礼上，残联工作人员为然然送上他心爱的自行车。

虽然然然的偷盗行为没有完全消除，但是我和家长被警察找的次数越来越少。让存在问题行为的智力障碍学生建立正向的行为习惯是一个非常漫长的过程，有时然然经常会回到原点，而我目前采用循序渐进的方法帮助他建立是非观念，从“学校教育—家庭教育—社会监管”的角度建立精准的教育监督机制，逐渐帮助他建立符合自己能力的正向行为，直到现在他已经长期没有出现偷盗的行为。用一个个的小目标引导孩子逐步达成大目标，唤醒一个美好的“你”，这就是教育的力量。

专家点评

小故事很温暖，特教老师不仅要跟孩子“周旋”，还要“应付”家长，孩子甚至还是派出所的“常客”！长达三年半的时间里，几乎“每隔一个月，派出所的警察就会联系我”，这就不是一般的小问题了，已经触犯到法律，必须找解决办法！

已经频繁进出派出所了，为何陈老师还说然然是一个“优秀的男孩”？

这就是陈老师的可贵之处。特教老师总要在孩子的长处和不足之间不断地做平衡，看到他们一丁点儿的进步和优点，就会不断地放大，不断地强化，提醒自己这个孩子是美好的；当他们犯错的时候，又恨铁不成钢，运用专业的方法，开始漫长的守候和等待，虽然有时候气得牙痒痒，但依然爱他们。

我们现在经常会倡导正向行为支持，在功能性评估技术的基础上，采用强化方法发展个体积极行为，通过系统地改变影响问题行为发生的各种因素，从而达到长期、有效地预防或减少问题行为的目的，同时，增加适宜行为，提高特殊需要学生的生活质量。

这种做法和传统做法的区别在于，传统做法的目标在于消除问题行为，而正向做法的目标在于建立正向行为；传统做法多用强化和惩罚，而正向做法多针对功能建立替代和被接受的行为；传统做法多在行为发生之后，可以说是被动的，而正向做法多在行为之前，是主动的积极预防；传统矫治的点多放在学生，而正向矫治多从环境调整起，目标不仅仅限于行为者本人。

虽然陈老师没有明显的做法和步骤，但他的正面思考和处理策略是在往这个方向努力的，一直在过程中传递温暖。

陈老师能看到孩子的闪光点，如文中“我看见他的第一个场景竟然是他在帮助班级的另一名男同学上厕所”；主动地干预，如文中“于是在他把同学送回教室以后，我悄悄地带他到我的办公室，用温和而真诚的目光看着他”；唤醒他的本性，等待他的自省，如文中“当时间过去两分钟时，他终于低着头看着自己的脚尖，轻声地说……”；给出明确的要求，如文中老师对他说“这次你做错了，不是自己的东西，即使再想要也不可以拿”。主动调整大环境，如老师许诺他用自行车作为不偷盗的奖励。

偷盗的根本问题是自我意识未建立。在文中有这样一段话：“然然是一名特殊需要学生……没有能力给孩子正向行为的引导，导致他有着自认为正常的偷窃行为。”为什么孩子会自认为“正常”，这里其实有一个关键问题，就是孩子的自我意识未建立或者说未完善。

我们说“不问自取便是偷”，我们都知道“偷”这个行为是可耻的，因为偷来的东西本身是不属于自己的，那为何然然会一而再再而三地做出这个行为呢？我们很多智力障碍的孩子为什么都会有这个通病呢？

智力障碍孩子由于大脑的损伤，无法清楚地、系统地认识自我，无法将自身、环境与他人区分开来，所以表现出来的行为是随心所欲的，想干什么就干什么。当他们看到喜欢的物品或是看到可以换钱的物品时，会随意拿到自己的口袋里，从他的角度，他确实认为这样做是“正常”的。然而，在我们的认知里，他们这种偷盗的行为被认为是不遵从社会的道德规范，但对于然然这类有智力障碍的孩子来说，他们很难理解人与人的关系、人与物的关系，也无法做出正确的区分。

所以，我们的老师在面对这类问题时，要如何矫正呢？一是惩罚偷盗，让他害怕惩罚，不再偷；二是强化不偷盗的概念，因为不偷盗可以得到奖励。更为根本的是要努力建立孩子的自我意识，在这个基础上，提前去预防，在学习过程中教导，改变问题行为的后果，甚至调整大环境。

陈老师用心地正向引导和跟踪，让孩子一天天在进步。如何让孩子的行为合乎社会规范，让大众可以接受？又有什么替代行为可以完全覆盖偷盗行为呢？我们看到，孩子的偷盗行为虽然没有完全被消除，但频率越来越低，已经很少出现问题行为了！说明这条路的方向是对的，良好行为习惯的建立任重而道远！

教育没有定规，孩子的行为取决于我们是否愿意去爱，去创造，去变通。

我的“小马达”

黄彩兰

“小马达”，男孩
15 岁
孤独症

“嗯嗯嗯……”我的一个学生经常发出这样的声音，他就是我故事中的主角——“小马达”。

“小马达”是我们班里新学期来的插班生。他是个高个子、帅气又聪明的孤独症男孩。他不但写字写得好，在绘画方面也让同学们刮目相看，而且还会算数、识字、背唐诗、唱歌等。他还能跟老师对答如流，讲一口清晰的普通话，白白净净且高大的他走到哪里，老师都会夸一下：“真好，你们班来了一个聪明的小帅哥！”

“嗯嗯嗯……”“小马达”双手摆成“OK”的形状，并放在眼角处高频率地甩动，就像马达发动时的两叶风扇不停地转动。这种动静打破了班级以往的平静，不管是上课时间，还是休息时间，“嗯嗯”声总会响起，他成了让人烦躁的“小马达”，感觉到哪里，大家的耳边都在回响着这种声音。我非常苦恼，不能让这种噪声继续扩散下去，它不仅严重影响课堂，还影响同学们的休息。我要想方设法减少这种噪声。

我开始大量查阅关于孤独症儿童的相关资料，寻求应对方法，同时向他妈妈了解他平时的生活习性和爱好。我根据他喜欢“动”的特点制定了一套针对他的教育方案：既然他喜欢动，我们就让他动个不停！我跟科任老师及他的家人制定了一个协议：一起努力，不能让他闲着或感到无聊，要时刻有事做，用做有意义的事情占据他的时间，从而减少刻板行为。一旦刻板行为发生，要立刻打断，转移他的注意力，让他做别的事情。平时，我还利用他喜欢画画、写字、拼拼图等爱好来控制他那双高频率甩动的手。

就这样，改变“小马达”刻板行为的努力开始了。在课上，我时刻关注着“小马达”的表现，只要是能让他不做刻板行为的课堂，我就努力让他一直参与课堂活动，如果他对课堂活动不感兴趣，我马上让他进行他喜欢的画画、拼拼图活动，以此来转移他的注意力，让他自始至终都有事可做；在课后，我安排各种需要双手操作的活动让他继续动起来，比如打扫卫生，擦东西，串珠子，拼拼图，涂颜色等；平时他在行走或站立的时候，我就请他帮忙拿教具或代币，提各种东西，以此来制止他随意甩动双手的行为。每做好一件事，我就奖励他。就这样日复一日，有时他感到双手疲倦了，想要停下来，就眼巴巴地看着我，好像在哀求我说：“老师，让我停下来歇一会儿吧，我真的不想动了。”这时候，我的心里会很难受，但为了强化我的“教育成果”，让他彻底摆脱“嗯嗯”发声的刻板行为，我强迫自己狠下心来，要求他继续。

就这样一年过去了，原本他那像马达一般高频率甩动的双手，现在就像零件老化的机器，启动速度慢了下来。现在当他准备做这个动作时，老师只要叫一声他的名字或瞟个眼神过去，他就意识到自己不能做，有意识地将双手放好。显然，我的这个“以其人之道还治其人之身”的方法奏效了，我想，教育不仅要坚持，还需要智慧啊！

这一年的时间，说长不长，说短不短，看到他从一开始无法进行自我控制到现在可以有意识地进行自我控制，我心里还是很欣慰的，但想要彻底消除他的这个刻板行为，我们还需要时间，还要不断寻找方法，路漫漫其修远兮，我们一直在路上……

专家点评

这是一个比较成功的案例，用一年的时间，黄老师对高频率甩手和“嗯嗯”发声的刻板行为进行了一定程度的干预。黄老师要下定决心改变孩子的状态，是为了维持集体教学的秩序，也是为了让“小马达”能更好地融入社会。这个故事篇幅不长，背后可能是沉甸甸的心血，老师花费了大量的精力，联合其他科任老师和家长，打了一年的持久战，才让孩子能有意识地控制自己的行为，真的很不容易！

在这个故事中，我们看到，黄老师有很多见解和做法值得我们学习。

持续学习

面对越来越多不同类型的特殊需要学生，即使是特殊教育专业毕业的教师，也难以解决各种棘手的问题行为。在大学，我们通过学习，只是接收了前人证明过的知识，只有真正在实际工作和生活中能够有效地解决孩子的问题，才能算是真正掌握了方法。黄老师继续进行专业学习，大量查阅关于孤独症儿童的相关资料，寻求应对方法。每个孩子都有很多特质，差异性极大，即使有很多成功的案例也难以统一复制，故事中的男孩个子高大，帅气又聪明，而且互动能力还不错，“还能跟老师对答如流，讲一口清晰的普通话”。但也就是这个各方面还不错的孩子，不时发出的“嗯嗯”声打破了班级以往的平静，成了让人烦躁的“小马达”。确实，当刻板行为已经严重影响了生活和学习时，干预迫在眉睫。

形成合力

一般来说，普通孩子或者是智力水平高的特殊需要学生，基本可以将不同的学科知识整合在他们的脑海中。除此之外，我们创造了另外一个领域，叫“德育”，对应到特殊需要学生身上，就是一种集体生活背景下对行为规范的学习，大部分特殊需要学生可能没有这个整合和运用的能力，因为这更多的是一种社会化学习。这时，教育合力在特殊教育领域显得尤为重要。

当我们要对一个孩子做全程的行为干预，而不能保证自己 24 小时待在孩子身边的时候，就一定要做个案管理，组织统筹好各方资源和人力，形成教育合力。首先，要联系孩子的家长，和家长形成合作伙伴的关系，这样能拿到第一手的资料，有针对性地跟进。其次，与本班的科任老师达成共识，如果不是包班授课，每位老师的教育态度不一致，学生就容易产生混乱，也无法建立统一的良好行为。所以，校内的教育合力首先就体现在各科老师的合力，在学生周围形成一个有机整体，构建一致的教育网络。最后，如果是住宿学校，还要密切联系本班的生活老师，很多跟生理需求有关的活动都是学生很喜欢的，真正专业的老师都会和本班的生活老师进行紧密的联系，共同商讨制订学生行为干预计划和发展计划。

有效干预

有效干预最主要的目的是让“小马达”的手“一刻也不闲着”。所以黄老师做了三件事，取得了非常明显的效果。第一件事是让“小马达”有事情可做。“在课上，我时刻关注着‘小马达’的表现，只要是能让他不做刻板行为的课堂，我就努力让他一直参与课堂活动”，“在课后，我安排各种需要双手操作的活动让他继续动起来，比如打扫卫生，擦东西……”；第二件事是让“小马达”有新的动机项目，通过丰富的感知觉刺激，来降低刻板行为的出现。当然老师的个体与集体兼顾水平要很高，比如“如果他对课堂活动不感兴趣，我马上让他进行他喜欢的画画、拼拼图活动，以此来转移他的注意力”；第三件事是加入功能性，也就是让他手上的行为具有功能性，不再是无意义的行为，比如让他做老师的小助手。这样，老师让他自始至终都有事可做，而且事后的奖励会进一步强化孩子有意义的行为，减少无意义的行为。

除此之外，更让我欣赏的是黄老师具备了特教老师最优秀的品质：足够的爱和理解，足够的陪伴和智慧。

在文中，我们看到孩子好像在哀求老师，这时候的黄老师其实“心里会很难受”。这个孩子的智力水平是较高的，属于高智商高功能的孤独症孩子，他有理解力，能表达，正因为明白这一点，黄老师其实在小心翼翼地处理，让孩子顺利地过渡，逐渐培养起控制的意识和能力。更重要的是现在“小马达”已经能进行自我控制，这才是真正的“眼中有人，眼中有孩子”。在故事中，“小马达”已经能做到有意识地控制自己的刻板行为，而很多孤独症孩子的刻板行为可能会伴随终身。不过有些刻板行为是不需要介入的，如有的人喜欢坐在饭堂固定的位置吃饭，有的人喜欢将书柜整理成由低到高的顺序……这样的刻板行为没有影响到自己的学习、生活和工作，也没有影响到身边的人，因此是不需要介入的。这里，我们能看到黄老师对孩子是理解和接纳的，用一年的时间陪伴孩子，孩子从无法自我控制到已经可以有意识地自我控制，后面的路，同样需要时间慢慢来……

正如黄老师自己所说，一年的时间，说长不长，说短不短，还有可能反弹，后续要不断跟进。孩子的改变是一个长期而艰巨的任务，只要功夫深，铁杵磨成针，老师陪伴孩子一起，能从“不可能”变成了“我可以”。老师需要时间，孩子需要时间，我们一直在路上……

“大学生”减负记

罗　青

小悠，男孩
13 岁
智力障碍

准备做清洁了，同学们开始把桌子往走廊上搬。只听到“哐啷——”一声，紧接着就是“砰砰砰”，各种物件坠落的声音。原来是小悠桌子里的东西掉了出来。“哇，小悠有部手机！”“哇，还有银行卡！”“啊，还有 U 盘！”原本平静的班级沸腾起来，大家兴奋的样子好似发现新大陆。

我看在眼里，心想，可不能让他们一直这么激动下去，无限的好奇心会让他们探究个不停，也会让小悠难为情。于是，我看了一眼叽叽喳喳的同学们，平静地说：“好，大家帮小悠把东西都捡起来，然后快点打扫卫生，不然迟到了就没饭吃啰！”孩子们依依不舍地把地上散落的物件捡起来，放到小悠的袋子里，慢慢散去。小悠低着头又偷偷看了我一眼，等待我数落他。我对他笑笑说："老师不收你的东西，快去擦桌子吧。"

交接完学生，回到空荡的教室，我想到上周五的事。小悠是最后一个被接走的学生。妈妈叫他拿齐东西回家，于是他背起书包，然后将椅子上的三个大购物袋一个一个整理好，左肩一袋，右肩一袋，手臂上再挎一袋。妈妈看着他说："小悠，不用拿这么多东西回家的。"我也对他说："对啊，带上作业本就好了。"小悠郑重地摇摇头。他妈妈无奈地笑笑说："唉，他每周都拿这么多东西回去，星期一又装回来，好像大学生回家一样，说他都没用。有时还会悄悄拿走大人有用的东西，上次家里抽屉的钥匙到处找不到，过了一个星期他才拿出来。"

送走这母子二人，我就酝酿着给这个"大学生"的书包和行李"减减负"，也要改改他悄悄藏东西的习惯。这次正好，他的"小杂货铺"都暴露在大家面前了。

小悠的书包和袋子里都装些什么呢？根据平时的观察，他的书包里基本是装拿回去洗的浴巾和衣物，那玄机就在另外几个袋子里了。其中一袋装的是各种书籍，包括英语课本、数学课本、漫画、杂志等，在我们特殊教育学校，孩子们的能力有限，基本是没办法理解这些书的内容的，并且有一些纸张残旧破败，也不是很卫生；一袋装的是班上每个同学都有的塑料文件袋，用来收集每周的作业，但是小悠又往里面放了各种广告纸、宣传册等，把文件袋塞得满满的；还有一袋装的则是各种文具和小物件，比如笔、本子、卷笔刀，还包括前面说到的U盘、旧手机、挂号卡、空纸盒、废旧银行卡，等等，这些东西他舍不得扔，堆在那里显得比较脏乱。

从心理学角度来看，孩子的收集癖是在进入儿童期以后，孩子随着智力的发展而出现的一种现象，是他们对自己生活的世界加深认识的同时，懂得了各种事物都可以分类，都有系统，而对自己感兴趣的东西进行重点收集的一个表现。对普通孩子而言，这些废旧物品可以促进孩子的智力活动，使孩子得到更全面的发展，并且他们本身热衷于这些物品的时间不会太长，不久就会自己送去废品站。而对特殊需要儿童而言，我们在理解孩子、保护其兴趣的同时，应该引导他对新的事物产生兴趣。特别是对小悠而言，他已经是13岁的孩子，如果继续不加选择地收藏下去，他的弱势会更明显。

事实上，小悠喜欢收集东西，但很多时候他只能收集到废旧物品，所以一旦看到自己喜欢的新奇物品，如果有机会，他就会悄悄收藏——比如他笔盒里的笔总是越来越多，而最后其他同学都没有笔写字了；比如班级的小拼图、积木也陆陆续续到了他的袋子里面；比如老师要用U盘的时候发现不见了，同学举报说是小悠拿了……我在心里掂量着，对一个性格倔强、爱面子、爱整洁、慢吞吞并且有收集癖好的孩子来说，每周像骆驼一样将大包小包的东西驮来驮去，这只是一个习惯行为，但是悄悄将他人的东西“收集”到自己的包里，这可是个问题行为了。我得想想办法解决这个问题。

根据对小悠的了解，一方面，我抓住他好面子这点，针对他喜欢收集杂物和悄悄收藏他人物品的行为，打算通过行为塑造法来矫正，依靠“舆论压力”应该能触动他，再配合及时的强化，会有积极的作用。另一方面，悄悄收藏他人的物品是因为小悠的自我意识水平有限，不能区分自己的东西和他人的东西，这是智力障碍儿童的通病，我打算结合相关课程来提高他的自我意识水平。同时，这些方法要是有所成效，不仅需要在学校积极实施，还需要在家庭生活中得到其家人的密切配合，这样才能在孩子出现接近或朝着最终目标发展时，他的行为能得到及时而又适当的强化，使他的行为越来越接近最终目标。

想好了策略，就开始实施了。

晨会课的时候，我告诉学生们注意环境卫生，说到教室环境时，又引导孩子们整理抽屉。于是大家都将抽屉里面的东西拿出来。小悠掏出那些破旧的小玩意时，我故意走到他身边说：“哇，小悠，你看这个纸盒好脏啊，我们把它扔了吧！”他不太情愿，没有反应。这时候周围的同学发出了唏嘘的声音。好面子的小悠只好把脏纸盒清理到一边。这个时候我对着全班同学说：“大家看小悠棒不棒，他的课桌抽屉整洁又干净，让我们掌声鼓励他！”全班同学一起鼓起掌来，小悠立刻露出得意又羞赧的表情。

用类似的方法，加上同学们的监督作用，小悠袋子里的“垃圾”基本被清理掉。每一次在期望目标出现的时候，我都会及时给小悠强化，有时候是代币奖励，有时候是口头表扬，因此小悠收集废旧物品的行为逐渐减少。

收集杂物的问题解决了，接下来就是解决“拿”别人东西的问题了。这个问题涉及孩子自我意识水平的发展问题，并非一日之寒。智力障碍儿童由于先天缺陷，其自我意识水平发展受限，因此，我得慢慢提高他们的自我意识。要想让他们不拿别人的东西，首先得学会区分自己的物品和别人的物品，于是我联合自我意识课的老师在这方面加强对小悠的训练。

周三课外活动时间，我让同学们写字。问题来了，一半的学生没有笔，而小悠有两个笔盒，里面满满都是笔。其来路不言而喻。“小悠，这支笔好像是小兰的呀。”“我的。”“那小兰没有笔，你借她一支好吗？”小悠瞅了瞅小兰：“拿去吧拿去吧。”“那强强也没有笔写字啊？”“唉，真是的。拿去吧！”他不耐烦却得意地把笔盒递给我，于是我把大家的铅笔归还给了主人。而他也默认了这个过程。这时我抓住时机，对大家说：“小悠今天把铅笔都分给大家了，大家一定要保管好哦。老师也要奖励小悠一个代币，小悠，你也要保管好自己的代币哦！”

写完字以后，我把提前准备好的名字贴分给大家，让每个人在笔杆上贴上自己的名字，再次交代学生保管好自己的文具。智力障碍儿童自我意识的训练由班级环境来承载，因此在班级的布置上我们要细致地从多方面着手，比如最开始的时候，让每个学生在物品上贴名字或照片，让学生明白有自己名字的才是自己的物品，贴有别人名字的就是别人的物品，是不可以拿走的，从而一步步认识我的物品和别人的物品的区别。对于常规的内容，班级同学都有了一定的自我意识，能够区分自己的和他人的，但对于这些文具之类的小物品则需要加强意识。

渐渐地，同学们都能认清自己的物品和别人的物品。接下来我要引导他们知道别人的物品不可以随便拿。于是，周五的班会课，我以“拿取物品要经别人允许”为主题上了一次班会课，引导同学们拿东西要经过别人的同意。小悠听得很认真，也沉默着，似乎明白了老师的意图。

这个周末，小悠跟妈妈回家的时候，终于轻装上阵，并且，我相信他的内心也是轻松的。

专家点评

从故事中可以看出，罗老师是一位时刻带着专业思考、运用教育智慧的老师。面对小悠这样一个自我意识非常有限的智力障碍学生，在照顾到了他的面子的情况下，利用小悠爱整洁、愿意分享的特点，结合学校的课程设计，通过行为塑造的方法让他一步步“轻装上阵”。

这个目标的达成，不仅减轻了学生每周上学的行李负担，让学生学会整理必需的东西，更重要的是提升了学生的自我意识水平。确实如罗老师所说，“不能区分自己的东西和他人的东西，这是智力障碍儿童的通病”，几乎每个班都有大量这样的学生，可以这样说，特殊教育学校的教育目的之一就是帮助学生建立自我意识，能将自我与他人、环境分离，最终解决生存问题，能更好地融入社会。自我意识也称自我，是对自己存在的察觉，比如，对自己身体的了解，对自己能力的认识，对自己所属物的认识，对自己和他人关系的认识，对自己周围环境的认识，等等。智力障碍学生由于生理障碍的原因，无法将自身与环境、他人区分开来，所以表现出来的行为是随心所欲的，看到自己喜欢的物品就认为都是自己的，他们的自我意识几乎处于初级水平，很难与人沟通、进入社会。具体表现为不遵从社会的道德规范，对人际关系无法做出正确的区分等。像故事中提到的我们一般人都认为的偷窃行为，实际上对于智力障碍学生来说用“拿”更为适合，因为智力障碍学生无法区分你、我、他的关系，自然也就无法区分“我的”“你的”“他的”三者之间的关系。小悠拿同学的笔的时候并没有觉得这不是我的笔，自然就更不可能具备“别人的笔我不应该去拿”的意识。

自我意识的建立任重道远，不是一朝一夕可以完成的，这需要班主任牵头，还需通过各科任老师形成教育合力，同时学校要和家长达成一致，多方共同努力，才能有所成效。

三 情绪疏导篇

特教老师是最厉害的魔法师，他们能让特殊需要学生的负面情绪得到缓解、释放和改变，他们的魔法来自他们的爱和专业。有时，环境的改变可能让情绪变得平稳；有时，找到情绪爆发的原因并加以引导，问题就消失了；有时，改变情绪的表达方式，负面情绪引发的不良行为就改变了。我们要承认和包容人的多样性。特教老师，是和孩子一起打败情绪问题的人，而不是和情绪一起打败孩子的人。

“暴脾气”的家怡

叶　蕾

家怡，女孩
15 岁
智力障碍

“老师，家怡扔杯子了！”“老师，家怡踢凳子！”“家怡又发脾气了！”每天学生的“小报告”都会在我耳边响起。家怡是我班上一个有一定认知能力的智力障碍学生，她每天反复干的事就是发脾气，一天来个五六次都不为过。问她原因，她总是不说，只是小声地骂骂咧咧，她这个样子真是让我苦恼不已。

这天我在批评班上几个在教室外疯跑的学生时，突然“砰”的一声巨响打断了我的话，原来是家怡又发脾气了。但是，我还是耐着性子走到了她身边，拍着她的肩膀，问道：“家怡，怎么了，为什么这样做啊？”她一把甩开了我搭在她肩膀上的手，又开始小声地骂骂咧咧，这是她惯用的招式。

唉，我曾经也尝试过很多方法，可家怡这莫名其妙发脾气的行为真是让我束手无策。现在，我实在没想到更好的办法，就只好让她先坐在座位上，接着点名让刚才在教室外疯跑的学生站起来。就在我转身准备回到讲台时，家怡看了一眼站着的同学，紧锁的眉头居然稍微放松了一点。我趁机表扬了没有乱跑的学生，并给予了他们奖励，得到奖励的家怡似乎脸色更好了一些。这个细节让我突然意识到，莫非家怡一直以为我在批评她？我不禁回想起每次批评学生的时候，她无一例外都会发脾气。发现了这个细节后，我决心趁热打铁，解决问题。

在需要规范学生行为的时候，我开始采取单独点名或者私下教育的方式，以免家怡误会我在批评她。当家怡做得好的时候，我会当场表扬她。刚开始，她还不好意思，会把头埋起来。渐渐地，当我表扬她时，她的眼神中会流露出欢喜。后来我还增加了一些别的措施，比如当她向老师反映其他同学的情况时，我做出判断后，如果她是对的，我在维护她的同时，会教她学会解决问题；如果她是错的，我也会坚定立场，用温和的方式告诉她，做错了就应该接受批评。就是在这一次次对与错的坚持中，家怡的改变非常大。我始终忘不了那天下课时，在课堂上犯了错的她，低着头，两只小手抓着衣角，怯怯地走到我身边说："叶老师，对不起，我不该发脾气，以后不会了。"那一刻，她的温声细语抚平了我紧皱的眉头，我情不自禁地抱了一下她，对她说："你做得真棒！"她微微扬起的嘴角，灿烂了整片天空。

和家怡的相处，让我更加坚定了一个教育理念——教人先教心，对于有一定认知基础的智力障碍学生，其实更需要有耐心，从他们的情感需求入手，深入他们的内心，多感受他们，也让他们更懂得我们所表达的关心。

专家点评

面对学生一次又一次莫名其妙爆发情绪的场景，叶老师能控制住自己的情绪，没有固守己见，而是反思自身，一步步探究原因，从情感入手，尝试改变。当老师改变了，方法用对了，学生就会有突破性的进步，老师从中感受到的喜悦也是巨大的，这也是特教老师职业成就感的体现。但这个过程并不全然都是美好的，从这个故事中我们只看到了冰山一角，但我们能看到叶老师的努力和用心。我们面对问题时，能解决的方法也许有很多种，就看我们有没有找到。

叶老师需要解决的核心问题是降低家怡“暴脾气”的发生频率。根据家怡的理解能力，虽然老师在方式和情感上做了调整，让“误会”消除，但作为智力障碍学生，她“发脾气”的次数有没有减少，故事中没有体现。文中提到家怡的主动表达，可以看出她已经发生了变化，但能否持久，是否一直往好的方向转变，这是我们需要重视的问题。在这个基础上，尤其是当学生有一定认知能力时，老师要开始寻求新的方法。

从故事的描述和学生的表达中可以看出，家怡属于第三层次的学生，即接近发展阶段，这一类学生能通过学校教育融入社会，可以通过劳动获取生活资料，提高自身的生活质量。虽然家怡现在只是在校生，但她在未来需要接受的教育内容包括通过劳动获取劳动报酬，并且可以通过自己的劳动成果提高生活质量，能更好地将“社会的负担变为社会的财富”。

对于这一类学生，老师切不可忽视，更要在低年级打好基础。比如，进一步学习行为塑造方法，找到学生需要努力的方向，确定目标行为，设计出有意义的教育活动，将学生的注意力转移到需要付出努力的东西上来；给予及时反馈和强化奖励，让教育一环扣一环地持续下去，让学生把全部精力都放在努力获取良好反馈和奖励上来，从生理性强化物过渡到活动性强化物、社会性强化物；通过绘制图表，对发脾气等情绪问题发生的次数进行观察、分类、分析，进一步了解学生的需求、喜好，再通过干预和塑造来解决情绪问题，并对比前后的次数变化，达到最佳效果。

亲情的力量

刘小清

芬芬，女孩
11 岁
听力障碍

2003 年，我们班来了一个来自偏远地区的有听力障碍的女孩——芬芬。她性格暴躁，争强好胜，爱斤斤计较，喜欢骂人，脾气像灯芯一样一点就着。排队买饭时，不管谁碰了她，她一定会还手，绝不吃亏；排队洗澡时，一定要排在第一个，否则浴室门一定会砰砰作响，直到门被打开为止。我跟她讲道理，她要么不理睬，要么就气势汹汹冲回宿舍，锁上门之后开始大哭大闹、摔东西。自从她来了以后，我们班难得安宁，我常常在夜里都要赶来劝架，被她折腾得精疲力竭。

一天中午，因为值日的事情，芬芬又和男同学打起来了，两个人扭作一团，桌子、凳子和碗摔得到处都是。当我赶到时，男同学的衣服被扯开了一个大口子，芬芬的头发乱七八糟，却还在哭闹。我的火“蹭”地就上来了，心想：“又是你！”我恼怒地指责芬芬。她用恶狠狠的眼神盯着我，打着手语说：“你们都坏，欺负我，我走！”我更生气了，打着手语又批评了几句。她突然从地上爬起来往楼梯冲。另一位老师急忙跑过去拉她，不小心抓到了她的头发，她干脆一屁股坐在地上，开始抱头号哭，边哭边反复打手语：“老师打我！”那位老师气得直掉眼泪，说不出话来。我赶忙把同学们都叫回教室，要求同学们今后少碰她，少和她玩，不要招惹她。从那以后，同学们都不和她交流了，吃饭让她排第一，打水让她先提，上课时老师也很少理她，只要她不扰乱秩序，她想怎么样都可以，甚至连值日也不要她做了，从此她成了真正的“孤家寡人”。班上看似平静了许多，我总算松了口气。

一个星期五的下午，因为上体育课时突然下起大雨，老师便端来了几盘跳棋，同学们三五成群地摆弄开来，玩得热火朝天，只有芬芬缩在一个角落，无聊地画着什么。看到同学们那么兴高采烈，她终于忍不住凑过去，想试着走几步棋。同学们马上端走了棋盘，不愿和她玩。她火冒三丈，冲过去把棋盘一翻，双方就跟斗鸡似的打起来了。芬芬朝一个男同学的手臂一抓，男同学的手臂上立刻显现出几道大红血印。其他同学见状一拥而上按住了芬芬，那男同学顺势朝芬芬手上一抓，芬芬也流血了。芬芬觉得自己受了天大的欺侮，像发怒的狮子般狂吼起来，同学们吓得赶紧松手。她先是在地上边哭边滚，突然又爬起来跑向走廊，一脚搭在了栏杆上就要往下跳。同学们马上一个接一个地拖住了她。我闻讯后一个箭步冲过去，把芬芬拉回到走廊上。

必须冷静！此刻我忽然间清醒过来：所有同学都可以回家过周末，而芬芬的父母在外打工，家里只剩下年迈的外公，加上路途遥远，无人接送，不能回家，一到双休日只好由临时生活教师看守。她是不是也想家了？于是我边打手语边说："大家都是好同学、好朋友，应该一起玩。你们星期六、星期天可以回家，芬芬不能，她太想家，太想外公，太想爸爸妈妈了，我们都来原谅她，好吗？"

"好！"伴随着统一的手势和参差不齐的发音，芬芬"哇"的一声大哭起来，泪水夺眶而出，这场景让所有的人都惊呆了，她哭得那么伤心、那么可怜。我的眼泪止不住地在眼眶中打转，原来我们都误会了她，多么值得同情的孩子啊！我走过去摸着她的头，牵着她的手，把她扶到教室里，让她坐在座位上。我真诚地对她说："对不起，老师错怪你了！"她泪眼汪汪地对我们打手语说："是我不好，我不该打人，我错了，我再也不会这样了！"

体育课变成了讨论课，我与同学们一起讨论如何互相帮助，如何互相理解，同学们纷纷表示要和芬芬做好朋友。傍晚，在同学们洗澡时，芬芬破天荒地帮助弱小的同学提水，我及时向她竖起大拇指，她的脸上终于露出了天真灿烂的笑容。

经过这件事，我重新审视了自己，我为以前的做法感到羞愧。我有责任也有义务去帮助、引导芬芬，她绝不是一个天生的坏孩子。在以后的日子里，我经常找芬芬聊天，聊她的爸爸妈妈、兄弟姐妹，聊她的身体状况和爱好。通过聊天得知，芬芬从小就由外公外婆看管。近几年，她的哥哥和姐姐都在学习美术，需要很多钱，父母便双双外出打工。而父母为了让他们能安心考大学，每到农忙时节都会要求芬芬帮忙干农活。因此，在芬芬的意识里，父母只喜欢哥哥姐姐，根本不喜欢她。而父母却因为心疼芬芬是听障孩子，平时也要求哥哥姐姐处处忍让她，加上他们学习忙，很少与芬芬交流，所以尽管芬芬的兄弟姐妹多，但交流却很少很少。父母觉得亏欠了芬芬，芬芬在家使性子时也就一再迁就，久而久之，芬芬偏激的性格便形成了。

又经过几个星期的接触，芬芬明显活泼开朗了许多。她上课时积极发言，值日时认真负责，与同学们相处非常融洽。有次上公开课《小公鸡和小鸭子》时，我特意让她在黑板上随手画一下鸡和鸭。她还很有创意地画出了鸡捉虫和鸭捉鱼的场景，赢得了听课老师的一片掌声。课后老师们都向她竖起了大拇指。她像一只快乐的小鸟，那自豪的神情无法形容。同学们也纷纷跟她学画画，她俨然成了一个“小老师”。

又一个双休日快到了，芬芬却整天闷闷不乐，愁眉紧锁。我找到她问道：“你怎么了，是不舒服吗？”她摇了摇头。我摸了摸她的额头，没有异常。“那你怎么了，能和老师说说吗？”芬芬用哀求的眼光看着我，打着手语说：“我想回家，你让我回家吧！”“这么远，你知道回去吗？”“我行！”

她眼睛一亮。我说："不行，路上不安全。"她又愁眉不展。她说："我不想去阿姨（生活老师）家，她的手语我看不太懂，只好呆呆地看电视，好无聊。"我说："你愿意去我家吗？"她有点欣喜，又有点不好意思："不好吧？我不去。"我说："去吧！我的家人很好，会喜欢你的。"她高兴地点点头。

星期五早上，我一来到学校，她就接过我的包。她那天穿得特别整洁干净，有种焕然一新的感觉。生活老师告诉我，芬芬一大早就起来打扫办公室了，还帮我沏了茶，教室的讲台也擦得干干净净。下午放学，我带着她来到我家，一进门她就跟着我下厨房，帮我择菜、洗菜。吃完饭我的家人还与她打扑克、下跳棋。晚上我铺好床，整理好房间，她高兴地在床上打滚。周末我带着她去菜市场买菜，让她挑选自己喜欢吃的菜。

此后的四年里，每到周末，她几乎都住在我家，成了我家的一员，逢年过节、走亲串友我也带着她，连我家九十多岁的奶奶到现在都时常挂念她。由于芬芬的刺绣技术很好，2008 年毕业时，我们推荐她到南昌市的一个刺绣厂上班。在那里，她得到了厂长和同事的好评。她还用第一个月的工资买了一双鞋送给我，鞋子虽然不是很合脚，但我非常欣慰，因为她懂得了感恩，她已经真正长大成人了。2009 年 8 月，她被省残联选中参加全国残疾人艺术汇演，获得了二等奖。如今，她经常发信息给我，谈她的工作、谈她的想法……听说省残联的老师还将推荐她到江苏一个艺术团去工作呢！芬芬的父母也经常和我通电话，感激之情溢于言表。其实我也应该感谢他们，是他们使我学会了观察，学会了包容，学会了尊重和信任。

芬芬的成长经历让我明白：热爱一个学生就等于塑造了一个学生，而厌弃一个学生就等于毁掉了一个学生。老师不仅要爱好学生，更要爱有缺陷、有问题的后进学生。问题多的学生才更需要老师付出时间、精力与爱心去陪伴。老师应该全身心地帮助、爱护、关心学生，做学生的贴心人，做学生的家人，这种不是亲情但胜似亲情的力量，足以改变一个学生的一生。

专家点评

文中芬芬所代表的这一类特殊需要儿童是一个很难的群体。本来留守儿童就难，特殊需要儿童更难，留守的特殊需要儿童更是难上加难。刘老师关注到了这一点，在一次猛烈的冲突之后，她突然意识到，芬芬其实是个可怜的孩子。刘老师细致入微的体贴和共情让芬芬打开了心门，她把芬芬带回自己家中，一带就是四年！

让芬芬从一个暴躁、容易情绪失控的“坏姑娘”变成了一个“好姑娘”，这是多么大的变化！她得到的稳定工作和所获的荣誉，和普通孩子考上名校又有什么区别呢！

爱生如宝，育才如花

从开始的描述中我们看到芬芬是如何暴躁，每一点拿出来都够老师头疼了，可这些特点在她身上全都有，几乎达到了让人难以置信的地步。

事情完全无法推进，以致后来同学们都不和她交流了，这时的刘老师其实也没有什么办法，只能要求同学们少碰她，少和她玩，不要招惹她，生活上也都顺着她。

看到这里，我们总算领教了这个孩子到底有多“刺头”，人人避之不及，武力值爆表。在整个过程中，我们看到，无论孩子如何折腾，刘老师都完全没有一点“嫌弃”的意味。而在现实中，有些老师遇到这种情况是要跟孩子的家长“谈判”的，“谈判”的结果可能会让孩子停宿、停课甚至休学，等孩子情绪行为稳定了再返校，因为孩子的行为已经不适应集体生活，甚至出现了严重的安全隐患，这个时候是最考验老师的！为何说刘老师“爱生如宝”？因为自始至终，我们都没有看到刘老师有丝毫放弃的想法，在她眼里，每一个孩子都有闪光点，每一个孩子都是可造之才。就像刘老师说的“老师不仅要爱好学生，更要爱有缺陷、有问题的后进学生”。

燃心为烛，大爱无声

这个星期五的下午，长期的积累和优秀的专业素养，加上对学生的了解，让刘老师在这一刻突然冷静，想到芬芬是留守儿童的现实，对着同学们讲出了至关重要的一段话——“大家都是好同学、好朋友，应该一起玩。你们星期六、星期天可以回家，芬芬不能，她太想家，太想外公，太想爸爸妈妈了，我们都来原谅她，好吗？”正是这一段话，成为打开芬芬心门的钥匙，一个孩子从此扭转、蜕变，从和这个世界对抗，到和这个世界和解，从此变得努力和上进。

而这时，刘老师的眼泪也止不住在眼眶中打转，每一个动作、每一句话语都诠释着对自己的反省、对学生的疼爱。我们以为事情到这里就结束了，但是刘老师重新自我审视，更加坚定了自己去帮助、引导芬芬的责任和义务，了解她的过往，分析芬芬的家庭关系及她形成偏激性格的原因，认定“她绝不是一个天生的坏孩子”，在课上课下不断地鼓励她，让孩子得到不断的改善和提升。刘老师还将芬芬带回自己的家，像对待自己的女儿一样爱护，这样的呵护不是一天，也不止一个周末，而是整整四年！温暖友好的家庭氛围，有接纳和包容意识的家人，影响了一个桀骜不驯的女孩的人生。

刘老师的感悟值得我们不断学习和思考：热爱一个学生就等于塑造了一个学生，而厌弃一个学生就等于毁掉了一个学生。

我想带你走进学习的殿堂

黄凤琴

小安，男孩
10 岁
重度孤独症

“丁零零……”上课铃响了。我与学生们进行了课前问候，准备开始当天的学习，突然听见小安用方言说道：“小便、小便。”坐在他身旁陪读的奶奶下意识地看了我一眼，转身对小安说道：“听老师讲课，不能去。”要求被拒绝后，小安的情绪瞬间爆发，开始哭闹，奶奶见状便起身准备带他出去小便。我本以为事情就这样结束了，谁知，小安却来了个 180 度的大转变，就在奶奶伸手去拉他的那一刻，小安挥舞着手臂叫道：“不小便、不小便！”奶奶只得松手，示意小安坐好。但是小安又喊道：“小便、小便！”此刻的奶奶却不耐烦了，一把将他拖出座位，大声训斥道：“你怎么弄不清楚的呀，到底去还是不去？”小安的情绪再度爆发，大吼大叫，哭闹不止，甚至倒地不起，奶奶和我上前制止与劝说均无效。此刻全班同学的注意力被吸引了过来，课堂被迫暂停，我只能让奶奶暂时把小安带离课堂，等他情绪稳定之后再进来，但一直到下课铃响，小安都没回到课堂。

我不由得反思，及时带离课堂对老师授课而言的确是排除了干扰，维持了正常的教学秩序，但从小安自身发展的角度来看，带离课堂的做法又给他的心灵带来了什么？离开课堂后的他去了哪里，又做了什么？后来经过了解得知，小安离开课堂后，并没有去厕所小便，而是跑进操场上的花坛内扯绿植上的树叶，奶奶因为追不上，就任他到处走动，就这样小安独自一人游荡了一节课。据班级其他任课老师反映，这不是偶然情况，每次上课，小安都是这样，而老师们的做法也惊人的一致，那便是让奶奶将他带离课堂。日复一日，小安就在进出之间徘徊，那他来校读书的意义何在？

近几年，学校招收的学生趋于重度化，自律性差、有情绪问题的学生越来越多，坐不住、大声喊叫、无法参与课堂的现象也越来越常见。难不成要将这部分学生都带离课堂？如真是这样，那特殊教育的功能又何以体现？

的确，像小安这样有情绪问题的学生一直是特教老师的心头顽疾，但作为一名特殊教育工作者必须迎难而上，接受挑战，因为一个难题的出现就是一次成长的机会。于是，通过观察分析，我发现导致小安出现这种情况的原因有三。一是生理上的屈曲感受能力不足。安静就座是参与课堂的先备能力，只有坐得住，才能听得进。据观察，小安喜欢到处走动，不喜欢安静待着，更不喜欢坐着。长时间的走动，使得其全身的肌张力处于活跃、伸直的状态，突然让他长时间地坐着，保持静止、屈曲的状态，他确实接受不了，并非他刻意排斥安静就座，而是因为坐着会让他感觉不舒服。因此，要想办法增加小安屈曲的经验，提升其在座位上屈曲的感受，让小安做到不抗拒、不排斥。二是缺乏安全感。小安极其敏感，喜欢一个人独处，不愿意与人接近，一旦有人走近便会跑开。当他的情绪问题出现时，奶奶的态度基本是以训斥为主，甚至拳脚相加。据了解，在家里，他的父母也是如此，长此以往，小安变得胆小敏感，有时他人一个不经意的动作，在他看来就是一种威胁。三是兴趣狭隘、持续性差。小安胆小、不愿意与人接近，因此学习的机会较少，与人互动的经验不足，能做的事情不多，兴趣狭隘，持续性极差，往往是一会儿这样，一会儿那样，表现出心神不定、不受约束、无规则意识、主动意识弱、学习能力不足等情况，也就容易被家长和老师边缘化。

找到原因，我开始对其进行干预。第一，知动训练，增强屈曲接受力。小安屈曲感受能力不足，主要是由于平时低位运动的机会少，经验缺乏，比如蹲、跪、爬、高跪等动作练习不足，前期不足，就在后期创设机会，通过游戏活动去弥补。因此，我让奶奶在小安独立玩耍时，利用增强物引导其蹲下来玩树叶；在日常生活中刻意安排小安做些力所能及的事情，如捡起掉在地上的物品；每次用餐时让他坐在前高后低的靠背椅子上，增加其弯曲经验的输入，也让他渐渐习惯坐下来的感受。第二，从会的方面入手，建立安全感。发掘他身上具备的能量与潜力，从他会的、喜欢的事情入手，不强加过多的要求与束缚，允许他有自己的领地，创设安全、舒适的环境氛围。通过一段时间的观察，我发现小安精细动作较好，会独立串珠子，也从奶奶那里得知小安在家喜欢剥豆子。于是，我就从小安会的事情入手，在课堂教学中，将串珠或豆子用篮子装好摆在他面前，随他任意摆弄，对课堂学习不做任何要求，只要他坐在椅子上玩就可以。慢慢地，从 1 分钟到 3 分钟，再到 5 分钟，最后到 10 分钟，他安坐持续的时间越来越长。既然学生不接受你的方法来教他，那何不尝试用他会的事情来引导他，“他不过来，你就过去”，这也是一种美的教育。第三，加大教育支持，提升学习力。但凡情绪大、问题多的学生，会的操作都很少，有时即便是一些学生会的操作也因为场地或器材的限制，不便在集体课堂上开展。例如，小安会拍皮球，但拍皮球的活动就不适合在课堂教学时进行，这不仅因为拍球声音大会干扰到其他学生，还因为小安经常走动，活动范围大，不利于他安静就座能力的养成。但是，如果长时间重复机械地操作，学生也会因为枯燥而失去兴趣与耐心，从而引发新的情绪问题。因此，培养学生操作新技能是让学生安静就座的基本保障，但又因为学生本身能力弱的特点，培养新技能又不能大刀阔斧、揠苗助长，需要在已掌握的操作技能基础上进行适当的调整变化。

比如在小安串珠子之前，将黄、红两色的珠子混合在一只篮子里，摆放在小安的面前，指导小安对照配对，将珠子分类，即先将篮子里所有的黄珠子和红珠子分开，然后再将红色珠子串成一串，黄色珠子也串成一串，渐渐又加入按规律串珠，即一颗红的和一颗黄的间隔串起来，这样既延长了操作任务的时间，又适当提升了难度，让学生在能够接受的范围内提升自身的操作技能。当然，这些技能的拓展延伸训练并不是在集体课上进行，是以个训辅导加上课后家长配合来进行，这样才能使学生拥有更多样化的动手操作能力。渐渐地，学生会操作的技能增加了，任务多样化了，体验感丰富了，情绪稳定的时间自然也会逐渐延长。

视觉学习是孤独症儿童的学习优势，因此被广泛运用于孤独症儿童的教育教学之中。在小安完成了大量操作任务之后，将其会的能力进行归纳，并以“图片 + 文字”的形式一一呈现，形成课堂操作板，便于其在课堂上对照操作。等小安熟悉了操作板的使用后，根据课堂教学的需要慢慢加入课堂学习任务，并将学习任务以“图片 + 文字”的形式与操作任务进行穿插呈现，让学生直观感知，做到心中有数，这样既淡化了因单一操作任务带来的枯燥感，又避免因任务突兀而产生情绪问题。

前期进行大量手动操作的训练之后，小安逐渐接受安坐的感觉，基本表现为不排斥、不抗拒，干预至此已有了很大的改变。但是，我们的教育并非因其不干扰课堂而终止，更要培养其参与课堂的能力，让他成为集体课堂上真正的学员之一。于是，在课堂教学中我采用“动静穿插”的方式与其进行适度的互动，改变他一直处于独自操作的假课堂状态。比如在语文课上，老师将小安与其他学生分成两组，在给其他学生讲解新课知识的时候，让小安先根据操作板上的提示完成相应的操作任务。等讲解完，老师安排其他学生写作业时，再和小安进行互动，指导其看一看课文插图，指一指图上的人物、景物或物品，让他跟着读一读新学的词语，以简单的内容为切入口引导小安和老师互动，结束后再安排小安独自进行操作任务，然后继续对另一组学生开展教学。这样一来一往、一动一静穿插进行，让能力悬殊的两组学生都能参与课堂，都有与老师互动的机会。

通过近 5 个月的干预，小安的情绪明显趋于稳定，不再大声喊叫、赖地哭闹，课堂参与能力基本形成，可以安静就座，可以与老师互动，也可以自己独立完成任务。课间，他在与同学互动时也有反馈，很少再出现独自走动、到处游荡的现象。家长也已经撤离课堂辅助，只是在老师有特别需要时才进课堂。小安的进步再一次证明，没有干预不好的特殊需要儿童，只有干预不得法的特教老师。面对障碍程度重、问题复杂的特殊需要儿童，从事特殊教育的老师不仅要迎难而上，想办法解决，还要身怀十八般武艺，多能多技，才能拿得住、捏得牢，做到“一生一招式”，特教之路方能顺风顺水。

专家点评

看黄老师的文章，脑海中瞬间出现相似的画面，巧的是，同样的事情，很多老师的做法竟然惊人的一致，那便是让奶奶将孩子带离课堂。而黄老师的发问，也令人深思——“日复一日，小安就在进出之间徘徊，那他来校读书的意义何在？”

黄老师也观察到，近几年来，学校招收的学生趋于重度化，自律性差、有情绪问题的学生越来越多，坐不住、大声喊叫、无法参与课堂的现象也越来越常见。难不成都要将这些学生带离课堂？如真是这样，那特殊教育的功能又何以体现？

看到这里，我的脑海里出现了一个宏大的命题，也就是我们经常挂在嘴边的一句话——“向特殊教育要质量”。

尊重课堂，努力从“个训课”到“集体课”

随着特殊教育的普惠发展，正如黄老师所说，特殊教育学校里面不可回避的事实是特殊需要学生的数量在不断增多。在这部分学生里面，有很多人在康复机构参与过训练，经过几年在康复机构的个训课训练，在老师或康复师一对一的教导和帮助下，他们的认知、操作等能力确实有一定的提高，进步很大。

但问题是，这些学生一到特殊教育学校，在集体教育的背景下，他们难以融入，也出现了不愿参加集体教育教学活动，没有规则意识，不模仿，不回应，不能安坐等问题，就像小安这样。

孩子这样的表现完全不能适应集体课堂，显而易见，这样的表现更不可能适应社会，更不用说自我照顾和独立生活，所以一定要从现阶段的课堂抓起。正因为黄老师意识到这一点，也因为“一个难题的出现就是一次成长的机会”，她鼓励自己迎难而上，接受挑战！

黄老师用了适合本班实际情况的分层教学——在语文课上，老师将小安与其他学生分成两组，在给其他学生讲解新课知识的时候，先让小安根据操作板上的提示完成相应的操作任务，等讲解完安排好其他学生练习写作业时，再和小安进行互动……这样一来一往，一动一静穿插进行，让能力悬殊的两组学生都能参与课堂，都有与老师互动的机会，至此，才真正实现了尊重课堂的目的，孩子也能真正开始适应和融入集体课。

干预得法，努力从“要陪读”到“撤陪读”

在特殊教育学校和普通学校随班就读的学生中，都有家长陪读的情况，有全天候的，有半天式的，有课间的，有按需到校的，而对于陪读的管理和引导其实是个非常重要的问题，同时也是个让人非常头疼的问题。

孩子的教育既需要陪读，又不能依赖陪读。除极个别的孩子外，我们要想尽一切办法逐步撤掉陪读，因为特殊教育的目标始终还是让孩子能自我照顾和独立生活，而课堂和学校还只是独立生活的一小部分。在这里，我们留意到，最后是撤掉了陪读，家长也已经撤离课堂辅助，只是在老师有特别需要时才进课堂。这是非常大的进步！

黄老师的干预和矫正主要体现在以下三个方面。

一是生理上。黄老师认为小安生理上的屈曲感受能力不足，她没有盲目地训练小安的控制能力，而是从多角度分析他为何不能安坐，从而去想办法增加小安屈曲的经验，提升座位屈曲的感受，让他不抗拒、不排斥。

二是心理上。小安缺乏安全感，极其敏感。父母和奶奶的态度基本都是以训斥为主，甚至拳脚相加。长此以往，小安变得胆小敏感，有时他人一个不经意的动作，都会让他觉得是一种威胁。所以，黄老师从已掌握的情况入手，营造小安的安全感。

三是能力上。根据小安兴趣狭隘、持续性差的特点，黄老师加大教育支持，提升小安的学习力。在培养新技能上，由浅入深，循序渐进，由易到难，根据学生已经掌握的操作技能进行适当调整；根据学生本身能力水平的变化，不断增加串珠难度，设置找珠子、分颜色串珠子、按规律串珠子等不同活动；当技能得到拓展后，增加个训辅导和家长巩固训练，使学生掌握更多样化的动手操作能力。渐渐地，学生会操作的技能增加了，任务多样化了，体验感丰富了，情绪稳定的时间自然也逐渐延长。

改变一个特殊需要儿童的情绪问题很难一蹴而就，我们看到过程的不容易，也看到可喜的变化。通过近5个月的干预，小安的情绪明显趋于稳定，可以安静就座、与老师互动，也可以自己独立完成任务，同学与他互动时也有反馈，很少出现独自走动、到处游荡的现象……黄老师的深入思考和努力实践，为我们做了一个良好的示范。尊重每一个课堂，上好每一节课，带每一个特殊需要儿童走进学习的殿堂！

那个女孩的应答之路

柯明丽

小敏，女孩
6岁
孤独症

小敏，原始情绪躁狂，一不顺心就连哭叫带喊跳，甚至攻击旁人；服从性很差，能理解老师的单一指令，但几乎不会配合，对任务性指令完全无法完成；语言方面，有简单的发音，且清晰可辨，但她几乎不通过语言来表达自己。孩子们都是新入校的，服从性都不好，但经过训练后陆续会应答，不会说话的也学会了举手示意，只有小敏一直不会应答。因为无法与他人交流，小敏在学校里表现得焦躁不安。她无法和同学们沟通，也无法回应老师，这让我十分担心。我想，必须制订一个教学计划，让小敏学会应答，以正确的方式表达自己的意愿，从而达到疏导情绪的目的。

我们企图在她身上建立一个从无到有的新目标

行为，但她没有任何回应。没有回应怎么强化呢？

于是，我们需要对学生进行促进，促进是在行为进行前或过程中给予刺激，这有助于行为的发生，使老师能提供强化。原则上，促进有语言、姿势、示范和躯体促进等方式，我不太认同它们有层次之分，这在操作时常是多种方式一起来，还要考虑个体更青睐哪种。小敏是有发音能力的，只要促进得当，简单的言语回应对她来说是可以实现的。当我们在叫她名字前，会先有助教老师在她背后准备，当我们叫到她时，“潜伏者”（即助教老师）通过语言和姿势辅助，给她一个模仿信号。起初她一头雾水，当“潜伏者”辅助时，她都是一种受惊吓的反应，然后发出一串咿呀咿呀的叫声，这种声音显然不是我们期望的结果。

后来我们发现，这个“潜伏者”的任务非常有意思，是需要技巧的。听到指令后开始促进的时间，促进的音量和动作的幅度都可能影响行为发生。就这样，我们在小敏身后跟随了两个星期，摸索最适合她的强度和幅度，但情况并没有好转。

我们开始妥协，降低目标，让她举手示意。方法照旧，我们发现她会举手应答了。但她会举手的原因是复杂的：一是可能把举手作为她的初始目标是对的，二是两三个星期的行为链接开始有成效了，她渐渐明白面对刺激没有反应是有代价的。之后的两天，当她听到自己的名字时，她会举手了，即使这时候的反应是偶发性的，这偶发的举手行为也是很让我们欣慰的。

行为发生的频率越来越高了，我们调整了目标，要争取语言应答。我们又开始了苦行僧似的锲而不舍的示范，有时我自己都快麻木了，但小敏依旧是“金口难开”，还是只会举手。一次偶然的机会，我在她对面示范，结果她也跟着我举手并用“哎”回应，那声音特别好听。第一次目标行为出现了，但我们并没意识到让她出现目标行为的关键点。又一次偶然的机会，我在她对面做示范，我举起我的右手，她起初想举右手，后来又放下，举起了左手，是不是说明她在模仿我呢？我意识到正面示范比在背后辅助更有效，她举手应答的次数越来越多了。经过近一个月的努力，我们终于看到小敏会举手开口回应。自从小敏学会表达之后，她的情绪得到了疏导，也逐渐变得开朗阳光。大家心里很开心，说明积极干预是有成效的。

强化是提高积极行为发生频率的一种手段，它的前提是积极行为至少要偶尔出现过，但当我们描述的是一个不曾出现过这个行为的个体，个体不曾有过这种积极行为时，我们可以强化什么呢？

小敏的经历让我明白，在强化之前还有一段很长的路。她让我在实践中开始明白塑造的定义，塑造是用来培养一个人目前尚未做出目标行为的手段，可定义为使个体行为不断接近目标行为而最终做出这种目标行为的差别强化过程。小敏在学会回应、表达自己的情绪后，可以与老师同学们沟通交流，不再像之前那样焦躁不安。现在的她，是一个活泼开朗的小女孩，也是大家眼中的“开心果”。当差别强化出现在一个情景时，一个行为被强化，得到强化的行为就会增加，反之则减少。多年来，我们一直在提

“小步子”原则，让学生跳一跳、够得着，就是初始行为，即一个接近目标的让人能看到希望的行为。

看到学生有变化的感觉是愉悦的，如果我们一直把愉悦程度寄托在学生进步的幅度上，那么所获得的愉悦感会很低。我们应把愉悦程度寄托在自己付出的力度上，这样就更容易获得愉悦感。

专家点评

在这篇故事中，特教老师在专业上努力探索，研究出适合每个学生的方法，因材施教，让学生发生改变，这是一份真正有理性的爱。

只是一个促进的手法，只为让学生学会简单的应答，在柯老师这里，却被研究得如此透彻、精细。一直以来，我们会学习很多矫正和治疗的方法，来帮助特殊需要儿童改变。可很多时候，我们自己可能才是囫囵吞枣，一知半解，似懂非懂，知道得不全面，理解得不透彻，运用得不到位，知其然而不知其所以然……但柯老师却并非如此，让孩子从毫无回应到举手并开口回应，给我们做了一个非常优秀的示范。

在特殊教育学校里，如果不是有专门的安置编排，几乎每个班都会有“难搞的”学生。不管老师用什么方法，这些孩子或是完全不融入，或是情绪极度不稳定、大起大落，或是有严重躁狂、伤人伤己，或是没法跟随队伍、时刻跑离教室，或是完全没反应、对于任何教育活动都不存在“参与”一说。从描述来看，小敏是一个新生，要先学习基本的服从，因为她“原始情绪躁狂，一不顺心就连哭叫带喊跳，甚至攻击旁人”，从字里行间看出，小敏基本没有服从性，语言能力低下。柯老师没有因为她的层次低下而漠视她，而是实实在在落到行动上，企图在她身上建立一个从无到有的新目标行为，真是难能可贵！

柯老师整个叙述过程的脉络非常清晰，也就是她自己所说的行为“塑造”过程，其中的难点太多。第一阶段老师设计任务，让小敏从一头雾水到终于发出声音，这个声音的出现却让我们啼笑皆非，可能是小敏觉得背后有人，被吓得“咿呀咿呀”，这种声音显然不是老师期望的结果。

老师觉得这样的路径不对，进入第二阶段。于是改进任务，也就是用促进的手法，从声音间隔、声音强度（也就是声音的大小）还有动作的幅度入手，在这些尝试中，老师推一下小敏的肩膀还是轻轻拍一下，可能都有讲究，但是，情况并没有好转。

那么可以降低一点目标，言语表达先放一放，将目标降低到肢体表达，因为肢体表达更为自然，目标可能更容易达成，从而顺利提升。这是第三阶段。柯老师在这个过程的描述也很有意思，里面有很多关键词值得我们留意，比如“反应代价”，这里没说是什么，但不难猜出是小敏能理解的且能成功建立链接的行为。终于，这个举手的行为出现了！这个时候，小敏举手的行为有时有，有时没有，而且可能绝大部分时候没有，老师就像盼望奇迹一样，努力地示范、促进，然后突然出现了一次，后来过了很久，又出现了一次，我们称之为偶发，一直到偶发变成常态，算是往成功迈进了一小步。

第四阶段，柯老师认为光有肢体表达远远不够，还想让小敏能有口语式的应答，这是在人与人的交互中更为高级的行为。一个偶然的机会，老师从小敏身后走向了正面，就像动作学习中的镜面示范，这时她终于看到人了，这就是镜面示范的你左我右，如“我意识到正面示范比在背后辅助更有效，她举手应答的次数越来越多了。经过近一个月的努力，我们终于看到小敏会举手开口回应”，孩子终于有了模仿的反应，至此，解决了关键问题！

柯老师做到了“眼中有人，心中有事”，这是值得我们每一位特教老师学习的。

“眼中有人”，也就是我们常说的“以生为本”，这绝不是泛泛而谈。眼中要有学生，才有可能去研究他，琢磨他，尝试影响他，帮助他提升，最后才有可能让孩子成为一个真正有尊严的社会人，如此，才能让特殊教育的意义发挥到最大化。

“心中有事”。柯老师的专业知识很扎实，很多方法从书本中来却超越了书本，很多方法贮藏在她心中，她就像神农尝百草那样一一去尝试。其实任何教育都是一门技术，可在每位老师运用每种技术的背后，何尝不代表着老师的职业认同、情感投射、专业构建和责任使命呢？

“双面人”小仪

陈 擎

小仪，女孩
8 岁
智力障碍

小仪是我们班中最文静、最不爱说话的孩子，平时和同学们相处得还算融洽，虽然做事的时候动作有点慢，但基本能按要求完成老师布置的任务，在班里从来没发过脾气，也从不跟同学争执。她给我的总体印象就是不爱说话、文静、与同学相处融洽。

小仪周一、周五基本都是由她爸爸接送的，交接时，小仪爸爸话语不多，每当我问起小仪在家里的表现情况时，他总说“没事啊，挺好的”。然而有一天，我突然接到小仪妈妈的电话，电话里，小仪妈妈非常无助地对我说，小仪这段时间在家里经常发脾气，甚至还会摔碗、摔杯子，她实在是搞不定了。听了小仪妈妈的话，我有点不敢相信自己的耳朵，因为在我的印象里，小仪跟发脾气从来都不沾边，在学校是个温顺听话的孩子，怎么在家里的表现竟会截然相反呢？我百思不得其解。

放下电话，我的第一反应就是：“会不会因为小仪是特殊需要儿童，家里人觉得有愧疚，从小就非常溺爱，造就了她在家里霸道的性格呢？这是不是也导致她成了在学校表现不错，在家却乱发脾气的‘双面人’呢？”作为专业的特教老师，我不能凭主观判断就下结论，而是需要冷静下来，从多方面去重新认识、了解小仪。

接下来，我找到了小仪同班的好朋友了解情况，又多次与小仪妈妈进行电话沟通、开展家访后，发现之前的自己是管中窥豹了。我确实是对小仪了解得不够全面。原来小仪经常在家发脾气、摔东西的原因并不是我之前所认为的溺爱，而是因为小仪爸爸忙于工作，基本不管小仪，而小仪的妈妈喜欢唠叨，总是对小仪说这说那，小仪呢，在家总喜欢戴上耳机听音乐，以此来逃避妈妈唠叨的话语，最近就是因为妈妈唠叨太多才摔了碗筷。妈妈看到小仪摔东西后，对她的唠叨更加停不下来。父母的这些态度和做法使得小仪的逆反心理越来越强，也让小仪出现了在家发脾气、摔东西的不良习惯。

了解到这些情况后，我跟家长真切地沟通了对孩子的教育态度和方法，并开了一个“方子”：让爸爸多关注孩子，妈妈少唠叨，多表扬。在家里，利用小仪喜爱听歌作为切入点，应用正强化原理：如果小仪在一段时间内没有发脾气，就可以用电脑听歌；如果小仪在家能帮忙做家务，也可以用电脑听歌；没发脾气的时间越长或是做家务的次数越多，小仪可以用电脑听歌的时间也相应增加。这个计划实施后的第一个周末，根据小仪妈妈反映，小仪在家表现还可以，基本没有发脾气，但还是不怎么跟父母搭话。看来“方子”还是有疗效的。

周一回校后，我开始针对小仪实施第二疗程——“班级舆论”。在班级晨会上，我让同学们说说他们周末在家都干了什么事情，有的说帮忙拖地板做家务了，有的说洗衣服、晾衣服了，有的说帮忙收拾了碗筷，对于这些同学，我都一一表扬，奖励他们小红旗，逐渐在班内形成了这样的班级舆论，即“周末回家要做力所能及的事”。

又一个周末过去了，小仪妈妈欣喜地反馈说这周小仪回家帮忙拖地了，她还特地表扬并奖励了小仪，母女之间的交流也多了。

周一回校后，我在晨会课上也隆重地表扬了小仪。接下来我再下“猛药”——“不断提醒法”。每当周一、周五家长接送时，我都会提醒小仪，其他同学在家干了什么，我相信她在家肯定会做得比他们更好。

经过几周的时间后，小仪在家的表现有了一定的改变，发脾气的次数少了，做家务的次数多了。我感受到她的性格也变得好了起来，与父母关系缓和了很多，与同学的关系也更融洽了。

专家点评

像这个故事里发生的事在普通学校或许比较少见，在特殊教育学校里却经常发生。特殊需要儿童的家长经常会找老师反映情况，老师们都会给予一些情感的抚慰和家庭教育的方法。那么问题来了，家长提出孩子在家里存在的问题，老师管不管？怎么管？管到什么程度？很显然，陈老师管了，而且管到了孩子家里，又管回了学校，并且一直坚持下去，直到有了一点成效。

陈老师能体谅家长的不容易，在家校合作中做到躬身力行。孩子妈妈的一通电话，引发了陈老师的思考，继而又通过找同学、打电话、去家访等方式了解更多的情况。很多孩子都像这里所说的“双面人”，这种情况源于孩子对环境的判断，他们都有可能在学校一个样，在家里又是另一个样，比如很多孩子在老师、同学面前乖巧听话，努力学习，在家就调皮捣蛋、做事拖拉，这其实是非常正常的现象，只要孩子有基本的底线和范围，在自己家里调皮一点是可以理解和接受的。在特殊教育学校里，当我们听到孩子有双重表现的情况，起码说明这个孩子对环境有基本的判断，有基本的察言观色的能力，接下来我们会考虑孩子的行为是否稳定。很多老师会给予家长基本的回应，同时在学校留意孩子是否有类似的行为，做好家校联动。但是，像陈老师这样躬身力行的还真不多，不仅从各方了解，多次致电，还不厌其烦地上门家访。“家访”看上去简单，但对于老师而言难度不小，需要老师付出时间和交通成本，而且绝大多数是利用下班时间才可能约到家长，此外，还要做好沟通记录，进行整理分析。上门家访确实能近距离地观察到孩子所处的家庭环境，能为行为诊断提供参考。正因为能体谅家长的不容易，也太惊讶于孩子截然不同的表现，陈老师才有了这一系列操作，最终解决了问题。

陈老师能积极推进家校协同，正确面对孩子发展的不平衡。在学校教育和家校沟通联系中，老师会遇到许多学生有事或家长有事的情况，比如学生受伤或生病，学生家校表现不一致，学生出现情绪、行为问题等。如何解决孩子家校表现不一、发展不平衡的问题，陈老师了解情况后实行了“三部曲”：先是跟家长真切沟通了对孩子的教育态度和方法，并开了一个“药方”，爸爸要多关注和表扬孩子，妈妈要减少对孩子的唠叨和说教，给爸爸妈妈分别安排了任务，其实目的都是多关注、多肯定、多认可孩子，并且将“用电脑听歌”作为强化手段，来矫正小仪在家发脾气的行为，促进她帮忙做家务的行为。这个计划取得了基本疗效，小仪在家基本没有再乱发脾气，但还是不怎么跟父母搭话。于是实施第二疗程——“班级舆论”，利用榜样的力量，利用班级晨会，运用社会学习理论，让孩子形成概念，周末回家要做力所能及的事，果然取得进展。接着来一剂“猛药”收尾——“不断提醒法”，每当周一、周五家长接送时，老师都会提醒小仪其他同学在家干了什么，相信她在家肯定会做得比他们更好。对于有理解能力的小仪，这些概念的持续输入，果然产生了效果！

面对特殊需要儿童的情绪问题，绝大部分家长可能会毫无头绪，这是实施家庭教育的一个重点和难点。随着《中华人民共和国家庭教育促进法》的正式实施，我们开始重新分析和思考特殊需要儿童的家庭教育问题。普通儿童的家庭教育任重道远，特殊需要儿童的家庭教育更是难上加难。谈到家庭教育，其实特殊教育和普通教育有很大的不同。对绝大多数家长来说，自己并没有与特殊教育相关的经验可循，而普通儿童的家长在这一点上则可以从自己的成长经历中获取经验。而且相比普通儿童，特殊需要儿童的差异性极大，必须因材施教，很难用所谓的“一刀切”去对待，这在一定程度上，对特殊需要儿童的家长提出了巨大的挑战。我们在学校经常会听到类似这样的话语，一个中重度智力障碍儿童的家长会问老师：“孩子都二年级了，怎么到现在还不学写字、算术啊？”家长可能没有意识到，中重度智力障碍儿童因为思维的局限，很难进行逻辑思维方面的学习，往往只能努力学简单的实用数学。很多家长要用很长的时间去理解这一点，其实，我们何不把握有限的时间以及孩子有限的学习资源，让他们学习更容易掌握的知识和技能，培养其在社会生存的能力呢？

特殊需要儿童的家庭教育任重道远，让我们一起努力！

我与津津的情感碰撞

罗蔡维

津津，女孩
11 岁
智力障碍

所谓“亲其师，才能信其道”，但是，我所面对的特殊需要学生，是否有思维，有情感呢？答案是肯定的。书上说“情”的投入是老师工作的内在要求，情到深处，学生的内心世界就会向你敞开，他有话愿意和你交流，有困难愿意请你帮忙，有苦闷愿意向你倾诉。你的爱他能领悟，你讲的道理他能理解，你指出的缺点他愿意改正。但我不禁想问：我们的学生能够这样吗？

那天中午，和往常一样，我交接完工作后，让一名学生去倒水喝，突然，我听到饮水机处传来这个学生的喊叫声，我冲出去一看，津津面红耳赤，正高举着杯子，就要往这个学生的头上砸下去。我见状，立马大喊道：“津津！干什么？！”津津显然被我的喊叫吓到，立马放下了高举杯子的手，但是她并没有像犯错的学生一样低下头反省自己的错误，而是咬紧牙，紧攥着拳头，斜眼盯着差点被她攻击的学生，一副理直气壮的样子，径直从我身边走进了教室。此时的我惊魂未定。要知道，这一杯子砸下去肯定出事，而且津津曾经因为用杯子砸伤过同学而休学了一个学期，按理说，她因为这样的行为受到的批评肯定不少，为什么她现在还会这样？我越想越生气，转身冲进教室，走到津津面前，吼道："起来！到那边站着！"津津也明显感觉到我的怒气，低着头一声不敢吭，慢慢地挪到旁边站着。我明显感觉到自己已经怒火中烧，意识到自己已经没办法对津津进行正确的批评教育了，趁着津津在一旁反省，我决定让自己也冷静冷静。

那天的事最后不了了之，我看着津津由开始的愤怒，到最后一脸委屈地痛哭，满脑子的内疚令我几乎丧失了所有的判断力。

其实津津在班里算是程度较好的一名学生，她在情绪分化课堂上的表现比任何学生都好，开心、痛苦、伤心等情绪她都能按照要求表现出来，我思考着津津的问题，也反省着自己在上一次事件中处理的方式。

此后，津津发脾气的情况还是经常出现，因为有了之前的经历，每一次我都很冷静地和津津说明："生气是不对的，你因为生气了，下节课赚到的代币，要扣 5 个。"有了这样的代币制度，津津发脾气的情况确实减少了，我因此感到欣慰，以为津津这位问题学生就这么被代币制度给搞定了。但事不如愿，津津开始不愿上课，同时我也开始经常听到其他的学生说"津津打我了”。听到这些话后，忧虑立马冲上我的心头，这个简单的代币制度是不奏效的，我为自己的天真和无知感到可笑，代币制度哪有我想的那样简单，要教育好学生更没有我想的那样简单，我该怎么做？为什么津津老是爱发脾气？我从来不知道她为什么要发脾气，我应该给她说明的机会！不，她可能根本不会表达，更不知道如何对我表达。此时的我竟然开始等待她下次发脾气的时机，以此寻求解决的方法。

终于，面红耳赤、高举拳头的津津再次出现了，我立马走了过去，温和地把她带到一旁，问她：“津津你又发脾气了？”津津低着头轻轻地说了句：“下节课要扣 5 个代币。”我微笑着说：“嗯，不过没关系，你一定可以赚更多的代币。但是，津津，你能够告诉我为什么你要发脾气吗？”津津听到我这么说，立马抬起头，嘟起嘴说：“他说我是笨蛋！我讨厌他！他才是笨蛋！”“哦！他骂你了对吗？”我问道。津津瞪着眼又说了一句：“他才是笨蛋！”我凑近津津，看着她的眼睛说：“津津，下次你可以先告诉老师，和老师说他说你坏话了，老师会批评他的，你不用生气，好吗？”“知道了！”津津像一只温顺的小绵羊一般回答。在往后的日子里，津津依然容易发脾气，我不厌其烦地教她学会跟我说明原因，在很多次以后，津津终于会在面红耳赤的第一时刻走到我跟前向我说明情况了。

津津虽然学会了说明，但还是会高举拳头。当津津再次因为发脾气准备打人时，我的思路比以往的任何一次都要清晰，我意识到，津津并没有意识到自己这样的行为不合理，更不知道自己在发脾气的时候该怎么做。

那么，接下来要教会津津的事已经很明确了，我从自己的座位上慢慢站了起来，双眼盯着高举拳头的津津，津津明显被我的眼神控制住了，但是她这次没有主动过来说明，而是喘着粗气，死死地盯着令她生气的同学，那紧握的拳头似乎随时都有可能砸下去。

此时，我已经走到津津的身边，把津津的手慢慢按了下去，说道："津津，你又发脾气了。""那个橡皮是我的！"津津说道。"嗯，很好！你告诉我了！"津津好像突然想到了什么，把眼神移到了我的脸上。我接着说："但是，我还是要批评你，知道为什么吗？""不知道……"津津一脸懵懂地回答道。我看着津津说："你发脾气的时候，要打同学是不对的，知道吗？""知道。"津津回答道。我继续说："你忘记自己因为打伤了同学而被休学的事吗？"津津并没有回答，而是慢慢低下了头。看来她知道打同学的行为是不正确的。

其实津津打同学的情况已经很久没出现了，我该怎么教会她用适当的方式表达情绪呢？她虽然学会了说明，但怎么才能让她学会纾解情绪呢？"要不，你下次捶桌子？"我说完，捶了一下桌子，津津呆呆看着我。"来！捶桌子！"我对着桌子又是一下，津津也跟着捶了一下桌子，我跟了一下，她又跟了一下，我看着津津，轻笑了一声，津津看着我，"咯咯咯"地笑了起来。

从那以后，我们时不时会听到捶桌子的声音，也时不时会听到津津的吼叫，但是对着同学高举拳头的津津确实不见了。

专家点评

看来罗老师是一个情感丰富、爱思考的老师，开篇就列出一大堆问题，看似发散，其实有着他独特的思考角度。一位特教老师细腻的内心活动和独白，也确实让我们看到几个方面的“碰撞”，我们来一一分析。

“亲其师才能信其道，信其道才愿受其教。”良好的师生关系是学生接受教育的前提，放在普通教育当中我们都能理解，只有学生愿意和老师亲近了，才会信任老师，相信老师所说的话，接受老师的教育。而在特殊教育当中，似乎有一些不同声音，有些老师认为只要给学生提出要求，做到“奖”但不“罚”，长期的训练下来学生的良好行为就会被塑造出来。

特殊需要儿童是否有人格尊严？答案是肯定的。人是具有感觉、情感、意志等机能的主体，智力障碍儿童在现实生活中因为能力的不同，其行为表现会因具体情况有所调整，但不应被区别对待。

对于情绪表达这一块，中重度智力障碍儿童在情绪方面存在诸多问题，如情绪长时间不分化，对外界的刺激不适应，情绪不稳定等。从文中看出津津其实已经有了比较清晰的情绪分化，情绪上的表现与外界给她的刺激是对应的，如她会说“他说我是笨蛋！我讨厌他！他才是笨蛋”；内心的体验和表达也是紧密结合在一起的，如“喘着粗气，死死地盯着令她生气的同学，那紧握的拳头似乎随时都有可能砸下去”。对于这一类学生，需要解决的是怎么教会她用适当的方式表达对应的情绪。罗老师进行一定的反思，依据这个孩子的理解能力和智力水平，通过引导，教会了孩子合理表达。接下来是疏导情绪，罗老师用了一些替代和转移的办法来帮助津津纾解情绪。

通常我们在处理特殊需要儿童的问题时，需要遵循两个基本原则，一个是最小伤害原则，一个是保护生命原则。这两点，罗老师是坚持得非常好的。一个孩子有情绪很正常，关键是有了情绪该如何处理，最起码避免对人造成伤害，在危机发生时第一时间要做的是保护好孩子们的人身安全，而危险解除之后开展长期的训练、行为矫正更是任重而道远。

罗老师的反思精神可嘉，他的内心独白更让人触动。带特殊需要儿童久了，我们看多了发脾气的孩子，肯慢慢地耐心听孩子“说”的时候越来越少了。我们要时不时地停下来，像罗老师一样，想一想孩子的行为，再跟自己对对话，跟孩子沟通。当然，这个“沟通”有很多种方式，可能是口语，可能是肢体动作，也可能只是一个眼神……

不愿上课的临临

陆敏玲

临临，女孩
11 岁
智力障碍

临临，个子较高大，比其他同学成熟，算是班上的大姐姐。每当刚开学的时候，一旦有新老师讲授本班的课程，临临对新来的老师不是很熟悉，在心理上没有建立充分的信任，动不动就和新来的老师进行“无声的对抗”，要不就是不上课，要不就无声地坐在自己的位置上，老师上课了她也不配合。在教室上课还好，一旦在其他地方上课，她就不肯去，不是低着头画她的画，就是玩她的小玩具，不管老师怎么劝，她不想做就不做；或是跑出课室外面，有时还把不满的情绪发泄在同学的身上。我想，青春期引起的情绪躁动也许使她更加不稳定。唉！怎么办呢？我想起了苏霍姆林斯基所说的“教育技巧的全部奥秘也就在于如何爱护儿童这种积极向上的精神和努力提高道德水平的积极性”。针对临临这样的情况，我要想想办法才行。

一是拉近和临临的距离，在上课的时候多给她一些关注。当她回答正确，或是能按照老师的要求完成任务的时候，我就第一时间在全班同学面前使劲地表扬她，而且还带动其他同学一起说她做得好。慢慢地，她对课堂有了一定的兴趣，我们也继续巩固这样的转变。在课堂结束后，我们也经常关注她，比如她在写字时，我们就凑过去看看，表扬她的字写得真整齐；她有什么好东西我们就过去说：“这个东西真好看！谁给你买的？”“可不可以借给老师看看？”……

通过这样的做法，临临可以慢慢地跟着大家一起上课，一起活动，发脾气的次数明显减少。接下来我们就加大力度，放大她的优点：在其他同学很吵的时候，我们就让他们看认真写字的临临，并拿出临临写的字给他们看，让他们学习临临；在做课间操的时候，让同学们站在离她比较近的地方；在做拍手游戏的时候，让同学们跟她互动；在班会课上表扬她，说一说她做得好的事情，让大家一起鼓掌表扬她。

二是和她的父母沟通协商。通过了解，我们得知临临的父母在近段时间离异了，这对临临有一定的打击。她经常在同学面前提起父母离异的事。周五放学时，临临父母大都来得最迟，而临临又很期待早点被父母接走，并经常在同学面前说：“我会第一个回家，我爸爸妈妈在下午三点多就来学校接我了。”有一次她妈妈连续几个星期都没有来接她，临临的表现就特别差。我就和她谈心，临临告诉我，她很想妈妈。我对临临讲，如果她下个星期上课表现好的话，我就打电话叫她妈妈早点过来接她。临临听了非常开心，在接下来的一周真的很认真地上课。我也遵守我的承诺，叫她妈妈早点过来接她。我抓住这点跟她的父母说："你们在周五的时候尽量早点过来接她回家，临临很期待自己早点被接走。她知道自己父母离异，见到其他同学都早早被接走，剩下自己一个，更加觉得自己被遗弃。早点被接走，对她的发展有很大的帮助。"她的父母听了之后都很配合老师，每周五都很早来接。我也利用这个时间在临临的父母面前表扬了她，还对临临说："你看，你听话，爸爸妈妈就早早过来接你。下周也这样听话的话，爸爸妈妈也会早早来接你。"她的父母听了也点头附和，临临更加开心了。

我做的这些事让临临开始改变了，她不再发脾气，不再总是一个人独处，也不再是老师的难题。每逢周一回校，临临会笑着跟老师们打招呼："老师早上好！我回来了！"她的脸上出现了笑容，说话的声音变得越来越大，开始和同学、老师融洽相处。

卢梭说："要尊重儿童，不要急于对他作出或好或坏的评判。"我认为，作为特教老师，不要轻易否定自己的学生，更不要轻易放弃对学生的教育。不积跬步，无以至千里，坚持下去，才会守得云开见月明。

专家点评

陆老师的文笔很朴实，从叙述中我们看到了她的学生临临存在两个亟待解决的问题，一是临临的服从和融入问题，二是家校沟通及家庭配合问题。

故事开篇就交代了临临的特点，“比其他同学成熟”，说明该学生的认知、理解力等各方面能力可能在班级平均水平之上。按道理，能力较强的学生的服从和融入能力应该最高。问题出在，这个较为成熟的学生每当开学的时候就进行“无声的对抗”。仔细看，故事中“有新老师讲授本班的课程”表明，临临并非不服从、不参与，而是对新老师有抗拒，我们可以推理，她对熟悉的老师没有抗拒。也就是说，一旦有新老师介入，临临就会闹情绪，而且这个情绪“闹”的动静还挺大。

所谓的“服从”，在心理学上的定义为主体在特定社会情境中，通过对客体提供的社会信息进行概括、判断和推理，为寻求奖赏或免受惩罚而产生的与客体一致的行为或态度。我们也可以理解为，人必须在人际组织中承担一定的角色，服从另一角色的指挥，并且付出努力，做出行为。我们从智力障碍儿童的角度分析，临临可能会服从熟悉的老师但是不会服从新老师，其实这可以理解为对“权威人物”的服从，简单地说，是对特定的“人”的服从。这种服从其实是一种低级的，或者说被动的服从，我们希望的是高级的，或者说主动的服从，服从于环境变化、社会情境、群体规范。显然，学生的服从水平和她的认知水平并不对等，这是我们需要深思的地方。

作为班主任，陆老师看到了这一点，跟新加入本班的任课老师一起去讨论，根据临临的需求，通过表扬、关注、激发兴趣等社会性强化物让临临尽快地融入新的课堂，形成教育合力。从家校沟通方面可以看出，陆老师也做了大量有效的工作，老师从临临的语言中捕捉到了很多具体的信息，判断出她正在经历家庭的动荡，这一类学生是最需要给予温暖的，一个“接回家的时间”的细节可能会让她面临情绪的“两重天”。临临的家庭情况并不乐观，能让已离异的两个人都这么配合，可见陆老师与孩子父母做了大量的沟通。而能被父母早早接回家，也成了临临良性情绪的催化剂。我们可以看到，一个特教班主任的有效努力，可以改变一个特殊需要儿童。

正如陆老师文末所说的那样，作为特教老师，不要轻易否定自己的学生，更不要轻易放弃对学生的教育。班级里每个学生都是不同的，每个学生都有他的缺点，同时也都有他的闪光点。

难开“金口”的孩子

蔡暨楣

小惠，女孩
10 岁
孤独症

“祝你生日快乐，祝你生日快乐……”听到这歌声，我就知道我们班的小惠又在发脾气了。

进到教室，果不其然看到小惠躺在地上，边打滚边哭着唱生日歌，这样的画面每周都要在我们班上演好几遍，如果这时候你过去拉她一把，那么她就会像猴子爬树一样，先是用双脚紧紧缠住你的腰，然后双手死死地抓住你的衣服，紧接着再给你来个 90 度下腰，这时要想把她甩开那可得花上九牛二虎之力。

小惠自入学以来从不肯开口说话，所有的喜怒哀乐都通过唱歌来表现，情绪易失控。我与家长沟通后得到的答复是，自从小惠上幼儿园，父母就将她交给爷爷奶奶带，从此小惠说话的次数就渐渐少了，去到陌生的地方或者见到陌生的人就更不愿开口说话，家长试过很多办法都没有效果。那么我是否也这样放任不管了？作为一名特教老师，多年的经验告诉我，这可能是孩子的心理压力问题导致的。既然这孩子能唱歌，那么我相信她那“金口”就一定能说出完整的话来，同时情绪问题也能缓解。

我发现小惠最喜欢和最关心的事就是吃，每次只要迟了一点给强化物，她都会“大闹天宫”，因此我抓住她的这个特点，开展开“金口”大计：在换取强化物的时候，我要求小惠叫我“老师”，只有叫了才可以拿。小惠的“金口”可没我想象的那么容易打开，每天在班里都会看到我跟小惠在上演拉锯战，我要求她叫“老师”，小惠却只是舔着嘴唇用手指着食物，一次、两次、三次，等重复到第五、第六次的时候，小惠的耐心耗尽，就开始唱儿歌了，接着又往我身上做猴子上树的动作。

就这样，我跟小惠拉锯了将近两个月，我知道在每一次的拉锯中，小惠都要跟自己做一番心理斗争，所以我一直在慢慢地等，等她自己慢慢去调整，忽然在一次拉锯中小惠突然轻轻地哼出像“老师”的话语，听到这个我兴奋了许久，我知道这“金口”快要被我打开了。接着在教学中我故意给她换取更多强化物的机会，训练她的表达能力，让她打开“金口”。就这样又过了一个多月，在某一次的换取强化物中，我依旧对小惠说：“叫我——老师！”小惠终于主动开口了，声音虽小，但当时听到“老师”这两个字时，那感觉就像听到自己孩子第一次叫“妈妈”一样。历经四个月！

小惠第一次开“金口”叫“老师”了，真是把我给激动了一场，就差没把她抱起来亲一口。

目前，小惠大部分时候还是处于鹦鹉学舌的复述阶段，但至少她肯开口说话了，情绪也不会因表达的限制而那么容易失控。也许对于常人来说，开口说话是自然而然的事情，但对于像小惠这样的孩子，他们的每一点进步都意味着艰辛的付出。我相信只要真诚，只要给予耐心，慢慢地等待，冰山最终将会融化！

专家点评

如果一个孩子能唱歌，就一定能“说话”。蔡老师就是抱着这个坚定的信念，很有信心地跟学生开展“拉锯战”，用了几个月的时间，终于让学生开口说话了。这个“拉锯”就是一种磨炼，是在特殊教育当中必须具备的专业品质，它需要以爱心和耐心作为基础，还要运用专业的方法，通过一段时间的训练和矫正之后，从量变实现质变。这个时间可能很长，甚至长达数年。蔡老师细心观察记录学生的喜好，确定目标行为，明确提出要求并坚持实施行动计划，一次次根据学生的需求来努力干预，最终达到预期效果。

一谈到说话，我们通常会想到语言。语言的理解和表达是人能够进行沟通的基础，语音、语义缺一不可。如果一个学生知道语义但发音困难或发不出声音来，或者说能发出语音却不明白意思，都不能算作会说话，前者需要借助肢体语言或书面语言来交流，后者最多仅仅叫作会发音。从小惠能唱歌的情况分析，她是具备发音能力的，声带肯定是好的，发音器官没问题，只是因为一些原因让她不爱说话。从上幼儿园开始，她说话就渐渐少了，直到演变成一种“所有的喜怒哀乐都通过唱歌来表现”，能以一种方式来表达喜怒哀乐，说明小惠对语义有一定的理解，只是表达方式不是常人所用的方式，家长“试过很多办法都没有效果”，也就随着她了。

但是，蔡老师为了让小惠开口表达自己，借此缓解情绪问题，从而在未来能正常融入并立足于社会，并没有“依从”家长的做法，而是决定纠正她的问题。到最后，学生主动开口了，只是一句小声的“老师”，就足以让老师激动不已。只要我们运用专业知识，给予足够的付出，每个特殊需要儿童都会有不同的蜕变！

我班的“武林高手”

苏永峰

莹莹，女孩
14岁
智力障碍

我们班有一个“武功高强”的学生，她有时喜欢自己静静坐着，也许她在“修炼内功”；有时喜欢把柜子里的东西翻个底翻天，也许她是在寻找“武功秘籍”；有时喜欢拿起抹布挥挥手，也许她是在练习她的“拳脚功夫”；更有些时候她会雷鸣般地狂叫，狂风般地破坏，以及暴雨般地流涕。这些行为的发生不会有乌云遮日的前奏，它更像堤坝的水，一触碰到她的神经“开关”就会倾泻而出。她就是莹莹，一名可爱又“可恨”的学生。

她是不倒翁似的可爱女生，心情好的时候就喜欢对着你笑，拿个抹布出来抹抹擦擦，就像小猫一样给予你心灵上的抚慰。但是只要有一点点不顺她的意愿，她就会狂躁地发脾气。

"苏老师，莹莹今天又发脾气了，把饭碗都打翻了。"在交接的时候，生活老师时常会跟我交代这样的事情：在吃饭的时候，莹莹还能规规矩矩地自己舀着吃，当吃到一半时，老师看见她把饭粒弄到了桌面上，要求她把掉出来的饭粒捡起来放到托盘里，就这么简单的指令，她也拒绝服从并开始发脾气。她首先会使出"狮吼功"，发出一阵阵喊声，震慑全场；老师想上前劝导的时候，她便会使出"降龙十八掌"把桌上的锅碗瓢盆都推倒在地上，弄得满地都是饭菜；接着老师要把她拉起来，将她与其他学生进行隔离的时候，她还会把老师的手臂都抓出五条"小辣椒"；最后让她自己待在角落时，她用"内功心法"把鼻涕泪水一齐"运"出来。等这如走火入魔般的"发功"结束后，老师还是坚持要求她把自己的餐具收拾好，不过也是经过一番劝说她才会动起身来。

莹莹刚来到我们班的时候，在课余时间发脾气的情况时有发生，我也是教育过、制止过，甚至对抗过。在她一开始发脾气的时候，我会百般温柔地好好跟她说话，只要她停下来，回到自己的座位上坐好，我就奖励她爱吃的食物，但这种方法只会换来她甩手让你走开的结果。每当她在发脾气的时候，我若用冷处理的方法，她还会出现脱衣服的行为，当我上去用手按住她的胳膊时，她的怒气直线飙升，演变得更厉害，最后我的手就会有"小辣椒"的出现。在这两种情况下，当我的怒火得不到控制时，就会发生与其对抗的行为，其实这里的对抗只是把她强制隔离而已，这时她还是会吼叫，叫得累了才会停下来。这种方法虽然制止了她的喊叫，但也是治标不治本，过后她还是会频繁地发脾气，而且她本身有癫痫，过分的对抗又有可能导致她的癫痫发作，所以很明显这种方法是行不通的。

为了矫正她这种不良的行为，我开始思考，为什么她会出现这样的行为呢？她在家里的时候会是什么样的呢？于是我和她的家人进行了沟通，发现她在家的时候家人都迁就她，她想干什么就干什么，很少管她，她发起脾气来就对她百般安抚。长期在家里被强化下来的不良行为，回到学校时自然也是常会出现，只不过老师不会就这样依顺她。

每一场“武林斗争”发生前都会先有“星星火苗”的燃起，只要把她发脾气的诱因制止住，她就发不起脾气了。所以从那以后，我先从表面依顺着她，在完成教学任务的前提下，只要她不做出过分的行为，我一般都不与其对抗，当她表现出好的行为的时候就多给她鼓励，重新培养出她良好的脾气与耐心。有些时候她喜欢走出教室到楼下坐着，我也静静地陪在她身边坐着，等她坐够了才一起叫她回去。有一次，她在吃饭时自己一个人跑到饭堂五楼，就静静地坐着，我上去叫她吃饭，她都没有反应，想再加以劝说时，发现她有发脾气的迹象，我马上停止，就静静地坐在她附近守候。大半个小时过后，我再叫她：“饿了吗？下去吃饭啦！”她立马站起来，乖乖地走回去吃饭了。当她在吃饭时，饭粒再次掉落，我并不再马上让她捡，因为当下去打断她吃饭，她很有可能会发怒。等到她把饭都吃完了，我再要求她把饭粒捡起来，她就会慢慢地把饭粒捡好，这时我就马上给予她强化奖励。

没错，每个学生都有自己的做事节奏，一旦把他们的节奏打破了，他们确实会难受，从而引发一连串不良的情绪。如果我们能熟悉学生的做事节奏，在适当的时机给予教导，或许他们就会有更好的表现。不过对于莹莹来说过分的顺从不是件好事，因此在她做出过分行为的时候，我也会用坚决的语气立刻制止，制止后避免不了她会发脾气，但是总体来说，她发脾气的程度不会像以前那么厉害了，她的态度逐渐变得温和。通过先控制行为，选择适当的时机进行教育，相信通过老师们的努力，她最终会退出“武林”。

专家点评

“武林高手”又来了！

这个故事既生动有趣，又令人感动，老师足够用心、用情，字里行间透露出对特殊需要儿童的尊重、接纳和包容。苏老师不仅出色地“扮演”好了特教老师这个角色，还从人性的角度，全身心接纳并尊重人的多样性。为何这样说？我们注意到，苏老师提到了一个关键词——“节奏”。我们在努力追求专业的同时似乎在慢慢淡忘一件事：人是多样的！不可否认，每个人在经历重大改变时的痛苦不亚于一场剧烈的危机事件和心理重建，特殊需要儿童更是如此，既能让孩子进步，又能将改变过程中的痛苦最小化，照顾到每个人的不同，那才是良性、持久的。在这里，苏老师的所作所为展现着人性的光辉，他给我们提供了一个新的视角，对于特殊教育和融合教育都有新的启迪。

生态系统理论视角下的特殊教育。我们现在会高频率地提到一个词“融合”，比如说随班就读，但因为种种原因，现实中的随班就读很容易演变成“随班就座”或者“随班混读”。其实，无论在普通学校、特殊教育学校或康复机构就读，还是在社区中生活，特殊需要儿童都会有很多不适应的地方，我们可以将孩子这种不适应、难适应，理解为一种困境。传统的理论认为，孩子不适应，就改变孩子、提升孩子。生态系统理论给我们的启发是，在这个基础上，从预防的角度出发，用多元的手法介入，给予孩子足够的宽容和过渡。还有一种理论为优势视角理论，它是从一个完全不同的角度看待特殊需要儿童所处的环境和现状。从苏老师的描述中我们看到孩子无论怎么“闹腾”，其实有一点是可以肯定的，那就是最起码这个孩子没有出现主动的破坏和伤害行为。她的发作来源于对指令的抗拒，这是解决问题的突破口。优势视角不是孤立地专注在问题上，而是将目光投向可能性，在创伤、痛苦和困难的荆棘之中看到希望的种子。

充分构建支持系统，改善环境品质。我们往往在努力“赶路”的时候会容易忽略苏老师指出的“节奏”这一点，我们只想快点将孩子矫正好，快点让孩子形成良好的行为习惯，将孩子带入“正常”的轨道，而较少考虑到孩子的感受。苏老师留意到了，并提供充分的空间让孩子的这个“节奏”得以保持，这其实就是一种适合孩子的支持策略。比如我们给视力障碍的孩子提供盲文书籍，给书写障碍的孩子提供宽格子写作纸，给肢体障碍的孩子提供轮椅，这些是看得见摸得着的支持，大家很容易理解和选择。但是，还有一种“软性支持”，就是人与环境、人与人之间相互影响和反应所达到的最佳调和度，这个“度”需要老师去观察、了解、思考，因为每个孩子都是不一样的。我们改善环境品质也是同样的道理，环境包括物理环境和社会环境。这里的支持做起来其实并不难，只是老师在她吃的过程中没有打扰她，能让她安静吃完，将要求和目标实现短时间的延迟，一直等到她把饭都吃完了，我再要求她把饭粒捡起来，她就会慢慢地把饭粒捡好，这时就马上给予她强化奖励，说明这样的做法也没有耽误强化的时机；这里老师并不是“心太软”，而是真正做到了以人为本。在这里，难的是老师既能发现这个孩子的需求，又能照顾到孩子的节奏，还能完成矫正计划。这是更为人性化的有效矫正。

当然，在这个过程当中，也发现一些问题。

家校未联手。因为入学前孩子在家中已经形成长期的习惯，“发现她在家的时候家人都迁就她，……再回到学校时自然也是常会出现”，只不过来了学校后“老师不会就这样依顺她”。所以，这里还是要花费大量的精力来做通家长的工作，一定要取得家长的共识和配合，孩子的变化和成长才有可能长期延续，否则会事倍功半。

医教未结合。这里的“医教结合”指的是有部分特殊需要儿童可能要进行医疗上的干预。我们常常将多种方法混杂在一起，倒不是为了验证到底哪种方法更有效，而是有部分孩子可能确实要先解决“医”的问题，建立好能接受教育训练的基础。看到文中的描述，孩子有癫痫，并且有时候会有严重的狂躁情绪。显然，这对于集体教育背景下的班级授课是有比较大的影响的，所以，虽然都是特殊需要儿童，但孩子们的层次却是完全不一样的，不能一概而论，对于部分孩子来说，可能“医疗的终点才是教育的起点”。

四

能力发展篇

开发视力障碍儿童的听觉和触觉，可以帮助他们“阅读”；开发听力障碍儿童的视觉、触觉和振动觉，可以帮助他们“感知”；训练智力障碍儿童的专注力、记忆力、感知能力和社会交往能力，可以帮助他们提升生活自理能力、居家能力和社会适应能力；抓住孤独症儿童的需求，培养完成任务的意识，促使孩子学会互动，帮助他们提升行为品质和社交能力……特殊需要儿童每一次对自身能力的超越，都意味着一次潜能的发展。

不要在角落犹豫，你也很棒！

吴柯璇

小斌，男孩
7岁
智力障碍

数年前，刚从师范学校毕业的我，满怀青春的理想，来到了一所特殊教育学校，担任特教老师。回想教学的一点一滴，甜苦相伴，每一个故事都从我的脑海划过，每一个孩子的脸庞都在我的眼前闪动。

2019年，我担任新生班一年级（2）班的副班主任以及美工老师。班里有12名新生，他们的智力程度、语言能力各有不同，有的在康复中心做过康复训练，有的在幼儿园上过课，还有的从未上过学。他们不仅智力明显落后，在行为能力上也参差不齐，还面临着对新环境难以适应的难题，加上有的家长不懂教育，对孩子过于顺从溺爱，不愿严厉教导，导致有的孩子暴躁易怒、胆小、多动、注意力不集中。有的孩子在上课时会突然躺地上不肯起来，有的孩子在课堂上随意走动、说话，一有不满就使用暴力，很是让我头疼。如果不及时给予正确引导，我们的教学工作就难以开展。因此，对新生班学生的教育需要投入很多心力。于是我细致观察、追踪、解析学生的详细情况，试着在他们的身上寻找闪光点。

小斌是一名智力障碍儿童，语言能力落后，上课注意力不集中，胆小。难道他没有闪光点吗？我在心里问自己。于是我默默关注他，仔细观察他的一举一动，向他的家长询问孩子在家的情况，想从细微处发现他的闪光点。后来我了解到，他在家喜欢帮妈妈做家务，每次妈妈做家务，他都想跟着做，但是妈妈觉得他肯定做不来，就基本不让他做。我也观察到，每周一下午学校的大扫除他都很积极，抢着要拖教室的地板。于是，我鼓励他帮忙拖地、擦窗。虽然他没有拖干净，还把教室弄得到处是水，但是为了培养他的积极性，我还是在班里表扬了他，并鼓励全体同学多学习他积极主动的优点。受到表扬后，在每次班级大扫除中，他更加积极了。

每个孩子都是一朵美丽的鲜花，只是盛开的时间不同；每个孩子都有优点和缺点，重要的是教师能够去正确引导；每个孩子身上都有闪光点，重要的是教师能够挖掘出来。教师在孩子的成长中有着巨大的影响，一次严苛的批评，也许会抹杀孩子的自信；一次真诚的鼓励，也许能促成孩子的进步。

新学期开始，在第一节美术课上，我让同学们自由发挥，画一幅最拿手的画，学生们都乖巧地拿出画笔动手画，但只见小斌静静坐着、低着头，我问他为什么不画画，他没有回答。后来我细心观察他，我发现他胆子比较小，缺乏自信，也许是认为自己不会画，担心画得不好被同学嘲笑。弄清缘由后，我告诉他："只要你大胆去动手画，即使是乱涂乱画，它也是你最独一无二的创作，你也会从中发现美的东西！"我让他在画纸上用点、圈和线试着涂几下，然后让他在这里边找图形，并涂上颜色。于是，他终于开始了第一张绘画的练习。但是在接下来的课堂中，我又发现这个孩子常常忘带绘画工具，上课从不和老师交流，作业也经常不交。我想这也许是自卑心理作祟！想要颠覆他的这种自卑心理，需要给他建立自信心，而自信心也是构建健全人格的必要条件。于是在美术课中我更加关注他，他只要有一点进步，我就激励他、表扬他。

在一次美术课堂上，我让他用不同颜色的马克笔在白纸上画上点，最后喷上一点酒精，画纸上慢慢散开了一朵朵彩团，就像绚丽多彩的烟花，我激动地鼓励他："你看，你也可以创作出漂亮的作品！"他感到很惊喜。从那次之后，他更加喜爱美术，也更加自信了。每天送孩子出校门的时候，我都会主动和他的家长交流孩子在学校的情况，我建议家长要多关爱、多鼓励孩子，多与孩子进行心灵沟通，比如每天放学回家，家长应该多问问他在学校里表现怎么样，学校里发生了什么事情，多创造交流的机会，让他感受到父母的关心和关爱，感受到家庭的温暖，从而变得更加自信、开朗。

经过一段时间的观察，我偶尔会看到他的脸上露出一丝羞涩的笑容，仿佛看到了一缕阳光。

过了半学期，一天，他悄悄地走到我身边，拿了一张他在家画的画让我看，低声对我说："老师，我画的。"我感到一阵惊喜，他终于从一个沉默的男孩进步成一个主动开口找老师说话的男孩，这是多么可喜的进步！我问他："你喜欢上美术课吗？"他点点头。我鼓励他："只要你感兴趣，就能学得很好！"

之后的课堂上，我注意到，他画画很认真。兴趣是学习美术的基本动力之一，如果能将这种兴趣转化成持久的热爱，将使学生终身受益。他一天天在进步，不但能坚持带齐学习用具，而且能举手发言了。特别让我感动的是他的作业经常别具一格，颇有自己的特色。有一次在制作笔筒的课上，我看到他的作品很独特，他在笔筒上贴上了两个小圆片，我就好奇地问他："这是什么呢？"他说："这是笔筒的耳朵！"多么有想法的孩子！我立即在全班同学面前称赞了他的创意，并告诉学生们，这就是创新。

他用行动证明了他能行，他也可以做得很棒！从他的变化中我看到了希望，我坚信每个特殊需要儿童都是小天使，他们都具有意想不到的潜力，只要我们老师用心去观察、发现、了解，就能让他们得到不同程度的进步。渐渐地，他的自信心增强了，也会遵守课堂纪律了。一个学期过去了，他的行为习惯也在慢慢改变。现在，在老师的表扬和鼓励下，他在课堂上总是坐得很端正，还经常回答问题，乐于参加课堂游戏。他也经常参加学校举办的活动，在校级运动会的比赛和生活技能大赛中都获得低年级组一等奖，为班级争光。

每一次耐心的指导，我们都能收获孩子的笑容与爱。在这个教育故事中，不仅学生在成长，我也收获了正确的教育方法。教育成功的关键在于正确引导学生，好的方法往往能获得事半功倍的效果，教育智慧也是我们教师学习的重点。

作为特教老师，我们不仅要有耐心，还要有细心，更关键的是要有爱心，这份爱心就是平等公平地对待每一个学生，只有这样才能走进他们的心。看到孩子们的笑容，看着孩子们一天一天进步，我感到无比欣慰。特殊需要儿童一点点细微的成长与进步，包含了特教老师们多少个日夜的心力与奉献，也包含了父母的希望与期盼。我们正在做的不仅仅是教育好一个孩子，同时也是在改变一个家庭的命运！

专家点评

吴老师是一位很有情怀的老师，开篇的一段话，就唤起了她的特教经历，回想起教育教学的一点一滴，真是“苦乐相伴”！

我们常常会说一句话：“是孩子教会了我们如何做老师！”而这句话的前提是，我们的老师在繁重的教学管理工作中，能沉下心来，投入很多心力，细致观察、追踪、解析学生的详细情况，只有这样，才能看到孩子的闪光点，捕捉到孩子的情绪并与之共情。吴老师就是这样一位老师，她始终在他们的身上寻找闪光点，扬长避短，这是难能可贵的！

多关注，寻找亮点

对于新生班的孩子，吴老师在所有的规范都还没有建立起来的时候，也抱有满满的热情。虽然小斌语言能力落后、上课注意力不集中、胆小，但吴老师还是想从细微处发现他的闪光点，这就是吴老师宝贵的品质。

老师要有这种意识和品质，才能发现孩子的亮点！

果然，“后来我了解到，他在家喜欢帮妈妈做家务”，孩子很有意愿，有这种主动性，但“妈妈觉得他肯定做不来，就基本不让他做”，这是妈妈没有给孩子机会，因为怕孩子做不好，所以没有给孩子试错的机会。后面老师又观察到，大扫除他都很积极，而且是“抢着要拖教室的地板”，老师就鼓励他帮忙拖地、擦窗，虽然孩子刚开始能力还不够，但是只要有主动参与的意识，很多时候，意识比能力更重要，所以老师表扬了他。受到表扬后，在每次班级大扫除时，孩子变得更加积极了。

在这个过程中，我们相信，老师有意识，孩子也有意识，就一定会研究出更多的方法。在老师的教导下，孩子的能力也会慢慢地提升，最终他能真正参与卫生劳动，也能逐渐把地拖干净，懂得把拖把拧干、保持干爽了！

多变式，激发兴趣

我们都知道兴趣和热爱是学生学习的动力，但一个人的兴趣不是那么容易被激发的，尤其是一名中重度智力障碍儿童。吴老师根据孩子的特点，通过丰富多变的活动，将一个不愿意参与、没有自信、上课连美术工具都没带的孩子变得积极主动、阳光自信，还能创作出有新意的作品。在这个过程中，孩子的自信心增强了，纪律性也比以前好多了，同时，孩子的行为习惯也出现了整体变化，这是多么大的改变！

吴老师是一点一点地从小做起的。先是从小目标做起。在孩子“静静坐着、低着头”的时候，她鼓励孩子，同时给予孩子足够的空间，让他先起步。于是，小斌开始了第一次绘画的练习。俗话说，好的开始是成功的一半。于是吴老师在美术课中更加关注他，给予孩子积极的期望，并激励、表扬他。在一次美术课上，吴老师让孩子用不同颜色的马克笔在白纸上画上点，最后喷上一点酒精，画纸上慢慢散开了一朵朵彩团，就像绚丽多彩的烟花，吴老师激动的话语、高涨的情绪感染了孩子。从那次之后，孩子更加喜爱美术，也更加自信了。

有了这个基础之后再继续帮助他让兴趣变得持久。吴老师利用每天送孩子出校门的时间，主动和他的家长交流孩子在学校的情况，建议家长要多关爱、多鼓励孩子，让孩子感受到父母的关心和关爱，感受到家庭的温暖。半学期之后，孩子出现可喜的变化——“他悄悄地走到我身边，拿了一张他在家画的画让我看，低声对我说：‘老师，我画的。’”吴老师感到一阵惊喜。正如吴老师所说，每一次耐心的指导，我们都能收获孩子的笑容与爱。

吴老师不仅让一个孩子得到更好的成长，还有可能给了孩子一份宝贵的人生礼物——特长爱好。在漫长的人生中，特殊需要儿童有艺术才能是一项优势，我们要在解决其基本生存的情况下，充分发展特殊需要儿童的艺术表达和展示能力，因为这很有可能是特殊需要儿童跟这个世界沟通的最佳桥梁，也许可以更好地带动他们发展更多的技能。

被我“拿捏”的“混小子”

张宝静

小跃跃，男孩
12 岁
智力障碍

小跃跃，男孩，12 岁，患有智力障碍，被评定为四级智力残疾，存在学习障碍，生活适应能力相对较好。但是，小跃跃是个淘气的孩子。在一些日常学习和生活的场景中，小跃跃的行为让特教老师们颇为头疼。

场景一，学生都在排队做操，而小跃跃一直在说话，值周老师不让他说话，他就大喊大叫，哭闹不止：“我要告诉警察把你抓走！你是合格的老师吗？还想打学生！”就这样哭闹着嚷嚷了整段早操时间，值周老师也拿他没办法。他就是这么个多动、爱招惹别人的孩子。

场景二，在春末夏初的早晨，他穿棉服上操，老师建议他穿薄一点的外套上操，并想帮他换上外套。他不但坚持穿棉服，而且还跑开，不让老师接近，大声哭闹不止。

场景三，有一次考试，我提前告诉大家，在考试中考到 90 分以上给三个奖励贴，考到 85 分以上给两个，考到 70 分以上给一个，期末谁得的奖励贴最多我就奖励他一块手表。他做错了一道题，被扣了 5 分，就暴跳如雷，把卷子扔了，跑到教室最后面的展示柜上坐着哭闹，骂骂咧咧。

场景四，上生活语文课，小跃跃不想写生字。一提到学习，他就非常抵触。他会找各种理由搪塞，比如他累了，或不会写。其实简单的字他是能够独立书写的。

场景五，放假了，妈妈来接他时，从他书包里找出了几个同学的校服……

小跃跃就是这样一个不爱学习、不听话的“混世小魔王”。老师摸他的头时，他会抵触、躲闪，对除他母亲之外的人都不信任、不亲近。

通过与他妈妈沟通，我了解到，他是单亲家庭，爸爸妈妈离婚，哥哥也患有智力障碍，平时跟着妈妈一起生活。他的家庭经济困难，平时很少有人真正地关心他。种种这些都让我对这个孩子起了恻隐之心。通过接触，我还了解到他阳光的一面，他特别爱劳动，生活适应能力比学习能力强很多。他特别爱妈妈，会为了妈妈而努力做一些事，是个吃软不吃硬的孩子。

正好，上学期我担任他们班的生活语文课和劳动技能课的老师。我针对他的个人特点实行了如下措施。

首先，我就他爱妈妈这一表现，在语文课上制定了大目标，一学期内谁获得的奖励贴最多，我就奖励他一块手表，鼓励他为妈妈挣一块手表而努力学习。我把奖励贴分散在课堂的每个节点上，督促他学习。有了主动性后，我带着小跃跃反复读、反复写，还会抓着他的手写字。我精心制作了多媒体课件，亲手制作教具，还利用实物、图片、视频等多种方式教学，这样做的效果还可以。最起码，一个学期过去，小跃跃从不认字、不会写字到会认 20 个字、会写 15 个字。

其次，我从他爱劳动的特点出发，试图走进他的内心。培智学校没有新版的劳动技能教材，我就自己购买了普通小学各种版本的劳动技能纸质教材、电子教材和课件，结合旧版本劳动技能教材和学生们的实际情况，精心准备适合学生的劳动技能课程。在上劳动技能课时，我还注重劳动成果的分享，调动学生学习劳动技能课的积极性。比如，我们在课上做夹心面包、种西红柿、尝试用高压水枪洗车等。我们师生共同制作和品尝夹心面包，学生们品尝着自己制作的美味，别有一番趣味；我们还一起种西红柿，学生们见证了西红柿的成长，待到收获时，我们共同品尝了亲手种植的西红柿，酸甜可口；我用我自己的车和高压洗车工具教学生们洗车，先讲解洗车的过程，然后让学生们自己操作，看着他们抢着用高压水枪洗车，乐此不疲，我也挺有成就感的。还有许多活动，不胜枚举。学生们玩得欢、学得实、吃得香，在这样的氛围中，小跃跃开始喜欢上劳动技能课，每天关心他的花花草草长成什么样子了，期盼着下一次的美食制作，期待着有趣好玩的劳动技能活动，同时他也开始依恋我，会像对自己的妈妈一样信任、亲近我。

在平时的学习生活中，有的学生会脱口而出叫我“妈妈”，也许在他们的心里早就把我当成了妈妈吧。有时我也会心生感慨，我对我亲生的孩子似乎都没有那么耐心，而对这些学生，我却尽我最大的努力去传授他们文化知识、生活技能以及做人的道理。

平时，小跃跃受了委屈，不会对我大喊大叫，而是会哭鼻子，诉说心中的想法。别的老师束手无策时，只要我一到场，他就会乖乖地听话，接受我的建议。有时他也怕我不带他上劳动技能课。在外人看来，我是死死地“拿捏”了他，但我知道他是信任我。

有时我也很欣慰。开学时，他来校报到，会说：“老师，我想你了。”他也会说，等我老了，（他）会带着他妈妈和我去旅游，给我看病，照顾我。他不再抵触我，会主动拉我的胳膊，喜欢让我摸摸他的头。

不管什么样的学生，都会有他在意的点。只要你细心观察，用心关照，你就能找到那独一无二的方法去教育他，去“拿捏”他。

专家点评

张老师这篇文章特别打动人，特别淳朴，娓娓道来，就像她坐在你的面前，说起她和学生之间发生了什么。很少有特教老师会觉得自己带学生比带自己的孩子还要好，也难怪学生会叫她“妈妈”。

老师们尤其是特教老师们对学生都有十足的耐心，但回到家面对自己的孩子未必能做到这样。当张老师“拿捏”住小跃跃，其实就是孩子开始服从张老师的管理了，听她的话了。能听老师的话，就是一切学习和变化的基础，也才有可能从“听某个老师的话”，到“听全部老师的话”“听家长的话”，再到“听主管的话”“听社区人员的话”，服从某个特定的指令者，才有可能从服从人到服从环境，这也是他们从被动服从到主动服从的必经阶段。

因材施教，总能找到独一无二的方法。小跃跃，到底是块什么“材”呢？我们来看看张老师的描述：场景一，在集体活动中因为没守规矩被老师制止，他喊叫哭闹；场景二，不听老师的着装建议，跑走大哭；场景三，自己考试做错题被扣分，暴跳如雷扔卷子，哭闹、发脾气；场景四，上课不想写字就抵触；场景五，放假时书包里找出了不少同学的校服。这五个场景，无一不在述说着小跃跃的“没规矩”。

张老师没有一开始就“嫌弃”这个不爱学习、不听话的“混世小魔王”，而是在“归因”上先下了一番功夫，这就让后面的服从训练有了基础。每个人都会有自己喜欢的“强化刺激”和不喜欢的“厌恶刺激”，所以张老师与小跃跃妈妈进行沟通，其实是在努力找线索，寻找他行为形成的原因。果然，张老师了解到，孩子是单亲家庭，由妈妈抚养，跟妈妈特别亲近，同时，家庭状况非常困难。通过与小跃跃的接触，张老师了解到他特别爱劳动，生活适应能力强，吃软不吃硬。这就是我们说的“强化刺激”，张老师找到了。作为特教老师，教育不光是在课堂里，更是在广阔的生活中。

张老师能深入思考、运用，努力找到了陪伴孩子的秘诀，找到适合每个孩子独一无二的方法。

首先，张老师引导小跃跃为给妈妈挣一块手表而努力学习。孩子有一定的基础，可以利用语文这个学科，帮助他识字，这样他未来就可以阅读。张老师的方法也卓有成效——一个学期下来，孩子从不认字、不会写字到会认20个字、会写15个字。这是多么大的成就啊！

其次，投其所好。我们来看张老师的精心准备和成果分享——做夹心面包、种西红柿……别说孩子，就连成人都忍不住想去玩一玩，这样的实践课没有人不喜欢。孩子们更是玩得欢、学得实、吃得香……就这样，张老师赢得了孩子的喜欢，孩子彻底被“收服”了！

像文中说的，“（他）会说：‘老师，我想你了。’他也会说，等我老了，（他）会带着他妈妈和我去旅游，给我看病，照顾我。他不再抵触我，会主动拉我的胳膊……”这是多么温暖和谐的师生关系啊，在教与学中生出照亮对方的力量！

做一个擦亮星星的人

张　爽

洋洋，男孩
8 岁
孤独症

我与洋洋相识在一个夏天，那天有很多新生来报名，但是洋洋给我留下了很深刻的印象。他白白胖胖的，看起来乖巧听话，非常可爱。但是，从第一眼被我当成“好孩子”到现在他的各种行为都能真正被称为“好孩子”，我们经历了数不清的磨合。

建立融洽关系，走进学生内心

2021 年 9 月，洋洋来到我的班级，来到了一个全新且陌生的环境，成为一名一年级的学生。洋洋的家庭条件不错，之前一直有影子老师陪他在机构干预，所以他的情况比很多学生要好，但是也正因为这样，他存在一些隐藏的问题。因为我们学校是寄宿学校，离开了久伴他的影子老师，洋洋一个人生活在学校，对于新环境新生活，他表现得非常不适应。我万万没想到，看起来乖巧听话的洋洋会成为让我在操场上跑断腿的学生。他情绪不稳定，经常发脾气，发脾气的样子至今仍深深地印在我的脑海里，第一次看到他发脾气时，我真的很害怕！他用力地向上跳起来，“咚”的一声使劲地砸在地上，我想上去安抚他，但是他却很抗拒，冲出教室跑向操场，我在后面拼命地追，他在前面跑得飞快。没办法，我请来其他老师和校警帮我一起“抓”他，终于在大家的努力下，我和同事们把他“堵”住了。我拿着他喜欢的零食慢慢靠近他，安慰他，看到他喜欢的糖果，他逐渐放下戒备接受我。

后来的一段时间里他也经常发脾气，为了避免他再这样冲动，我开始观察他的行为，采用“ABC 行为观察记录法”，记录他的前事刺激，行为发生的频率、时间和持续时长以及行为的后果。经过一段时间的观察，我发现他会经常提到一个叫“壮壮哥哥”的人，每次提起这个人他都很激动。针对他的情况，我选择了替代的方法，希望我能代替他经常提到的那个人，给他安全感。我渐渐尝试着与他接触，选择他喜欢的强化物，比如糖果、牛奶等，慢慢地让他信任我，我也会时不时地抱抱他，跟他说张老师喜欢你，你很棒。后来他再也没提过那个人，更没有发过脾气了。我想我应该是代替了那个他常常提起的人。但是，很快他又有了新的问题，那就是总要我关注他，他经常会喊“张老师”，不过我觉得这并不算问题行为，所以我也没有多做干预，只是会更主动地关注他。我想，让他变好的同时，也要让他做自己。我们差不多用了一个学期的时间摆脱了情绪行为问题，我也从一个他认为的陌生人变成了能走进他内心的人，成为他为数不多的依靠。

积极塑造行为，助力学生成长

洋洋不是一个勤快的孩子。入学的第一年他基本上没参与过课堂学习，无论是说、唱、跑、写，还是画画，他都是一动不动地看着老师，任凭你怎么说都没有反应。即使我给他强化物，也不能非常有效地驱使他去做一些事情。在二年级的第一个学期，我开始利用活动课的时间给他做个别化训练。我先给他做了评估，他的认知能力还可以，但是在语言理解和表达上就比较欠缺，于是我从这方面下手，每天下午的活动课，我只要有时间都会给他做个训，并开始有意识地塑造他的行为。我们一起数数，一起读绘本，一起认字，一起唱歌，我时刻关注他，他也在我的关注下有了很大的进步。

一个星期一的早上，洋洋妈妈送他来上学，她说洋洋回家唱了一首歌，以前从来没听他唱过，问他在哪里学的，他说老师在学校教的。洋洋妈妈说这孩子最近进步非常大，像变了个人一样，回家甚至能帮妈妈洗碗、倒垃圾了，她非常高兴，连连感叹孩子的巨大进步。她的笑容挂在脸上久久不退。我能感受到他妈妈内心的激动和喜悦，我也同样为他感到高兴。他的进步和家长的积极反馈更加激励了我。我开始经常在课堂上提问他，鼓励他从说一个字、一个词再到一句话，让他拿笔写字，从一个笔画到一个字，再到更多的字。在食堂里，我请他帮我打饭、洗碗，在教室里，我请他帮我倒垃圾、套垃圾袋。后来，在其他老师的帮助下，我让他试着去跑步，从一步两步到一圈两圈、八圈九圈。他会跑着跑着偷懒，但是他也会咬牙坚持。我想，让他进步的同时，也要让他学会坚持！

结构化教学，回归主流社会

时间在悄悄流逝，季节在默默更替。一转眼夏天又来了，看到别人吃冰激凌，洋洋也想吃。他拉着我的手说："张老师，他吃冰激凌啦！"我问他："怎么啦？"他说："洋洋想吃。"

我一直主张情景教学，正如陶行知先生所说："生活即教育，社会即学校，教学做合一。"所以能在日常生活中教会学生一些知识，我是很开心的，这种自然真实环境下的结构化教学所带来的教学效果是超乎想象的！于是我把我的手机给他，带他去门口的小卖部，让他自己买一根冰激凌。进到小卖部，他自己打开冰柜盖，拿了两根冰激凌，我问他要给谁，他说给某同学。我既吃惊又喜悦，吃惊的是在他吃爱吃的东西时还会想着别人，喜悦的是他可以独立完成买冰激凌这件事。拿着冰激凌的他找老板付钱，我告诉他支付密码，他成功付钱。这一套流程全部完成后，他终于吃上了自己心心念念的冰激凌。他按捺不住内心的喜悦，逢人就说："洋洋吃冰激凌啦！"

这件事和这份开心我想他应该是记了很久。星期五放学回家，他还跟妈妈分享了这件事，妈妈问他是谁买的，他说是张老师。妈妈立刻发信息给我复述了洋洋的话，感慨道："洋洋最近真的进步太大了，放假回家他能把一个星期里发生的事情讲给妈妈听了，并且讲述得很准确。”妈妈很激动，我也很高兴，就连同事们见到我都会吃惊地问：“洋洋最近怎么进步这么大？”

洋洋的进步是时间的积累，是努力的回报。这也激励我在孩子们的身上付出更多的时间和精力，每一朵花都会盛开在不同的花期。

我想，教育不仅仅是教会学生书本上的知识，更是一个生命影响另一个生命。有人说孤独症的孩子是来自星星的孩子，那么就让我们成为一个擦亮星星的人吧！

专家点评

张老师的文笔看似平淡，但用心用情至深。张老师对学生没有一点点的“嫌弃”，即使是让她“跑断腿”，“在后面拼命地追”，也仍然是非常包容。

在进行情绪行为治疗时，张老师还“希望我能代替他经常提到的那个人”，最后也真的成功了——“差不多用了一个学期的时间摆脱了情绪行为问题，我也从一个他认为的陌生人变成了能走进他内心的人，成为他为数不多的依靠”。

能够见证洋洋的成长，张老师非常自豪，正如她描述的“吃惊的是在他吃爱吃的东西时还会想着别人，喜悦的是他可以独立完成买冰激凌这件事……”爱特教，爱学生，张老师有如此深厚的感情，何愁教不好呢？

张老师对洋洋甚至没有使用什么复杂的矫正手段和训练方法，有的只是坚持和陪伴，像爱自己的弟弟妹妹那样质朴，和学生一起经历风雨。正如张老师说的："我们经历了数不清的磨合。"

从时间层面来看，洋洋之前在机构训练的时间仅限于一天当中的某个时段，是按课时计算时间的，而现在是每周连续五天寄宿在学校，从有人陪读到完全隔断与家人的联系，进入一个全新的场域甚至是自己从来没有接触过的场域，洋洋从个训课过渡到日托已经很困难，更别说直接跳到住宿了。

从指令层面来看，原来是一对一的个训课，老师只关注一个人，进入集体背景的教育环境后，所有的活动都是以班级为主的，没有人对自己特别照顾，洋洋相当于跳出了自己的舒适圈，凡事以集体指令为主，没有人会专门提醒自己。

从交往层面来看，在之前的个训课中洋洋几乎不存在社交，仅仅与个训老师进行一对一的互动，无论是在对象、难度还是关系的把握上，都停留在微观系统上。而进入班级，整个系统都开始升级，面对的组织变得复杂，洋洋不仅要把握自己与老师的关系，还要把握与同学之间的关系，把握个人活动与学校集体活动的关系，等等。这是在转衔教育上经常出现的问题，在孤独症儿童身上尤其多见。

张老师非常敏锐地留意到这一点，离开了久伴自己的影子老师，一个人生活在学校，对于新环境新生活，洋洋非常不适应。各种数不清的"折磨"

由此开始了。

张老师通过一级强化物的刺激暂时稳住洋洋，然后开始着手观察记录分析，争取事前预防——“采用‘ABC行为观察记录法’，记录他的前事刺激，行为发生的频率、时间和持续时长以及行为的后果”。

终于找到问题的关键，张老师由此开展行动。例如，“选择了替代的方法……选择他喜欢的强化物……慢慢地让他信任我，我也会时不时地抱抱他……”一直到情绪行为发生转变，洋洋也开始信赖老师——“后来他再也没提过那个人，更没有发过脾气了……”

当洋洋开始信赖老师，与老师建立了比较亲密的关系，后面的事情就好办了——老师利用活动课开展个别辅导，让一个原本不太勤快的孩子发生了质的变化！

正因为张老师对学生就像带自己的弟弟妹妹一样，她利用自己的课后时间做个别化训练，日常能敏锐地观察到洋洋的需求，很好地抓住教育契机，在他有生理需求时，比如小吃货馋瘾犯了的时候，鼓励他表达，带他学习购买流程，让他吃上了心心念念的冰激凌，这些个别化训练有了成效，才有了家长良性的反馈！因为孩子的感受是最真实的，特殊需要儿童不懂得表演，不懂得说谎，只有直接和纯粹的反应。

这些反馈不断叠加，孩子出现了新的变化，掌握了新的技能，如唱歌，也愿意分担家务。这样的良性反馈同样又反过来激励和强化老师的教学信心，老师在课上也加强关注和训练，如“我开始经常在课堂上提问他，鼓励他从说一个字、一个词再到一句话，让他拿笔写字，从一个笔画到一个字，再到更多的字”。配合课上，双管齐下，充分发挥潜在课程的作用，如“在食堂里，我请他帮我打饭、洗碗，在教室里，我请他帮我倒垃圾、套垃圾袋。后来，在其他老师的帮助下，我们让他试着去跑步……”就像买冰激凌这件事，既是绝好的教育契机，又在孩子心里留下了深刻的印象。

在特殊教育里面，没法用考试分数去衡量孩子的进步，最了解孩子的就是他们的家长，家长能最清晰地感知到孩子的变化，所以家长的反馈是最好的口碑，也是衡量教育效果的标尺。

“音”爱同行，遇见更好的自己

詹子悦

小郭，男孩
11岁
唐氏综合征

初闻初见，“音”缘而遇

初次听闻小郭，是在2022年秋季新学期的社团工作部署会议上，他的名字出自其他老师之口。虽然小郭患有唐氏综合征，但老师们都夸他聪明、能干，不仅是小学霸，体美劳也样样拿手，同时还是多个社团的主力，这样一个好苗子，唯独只有仪仗队，是他几度被选入队后又主动退出的。刚接手仪仗队工作的我，带着疑问与好奇，还是把他的名字列在了社团的招新名单上。

新学期的课表出来后，我发现小郭恰好在我所任教的四年级某班。初次见面，我眼中的小郭矮小却精干。课堂上，我总能看到他笔直的腰杆，炯炯有神的目光，在小乐器练习环节，这位“小唐宝”

精准的节奏感引起了我的注意。

趁着轻松愉悦的唱游课刚结束，我走到他跟前，问：“小郭，你喜欢音乐吗？”

“喜欢！”他肯定地答道。

我竖起了大拇指：“詹老师注意到，刚刚你的伴奏拍子打得非常准哦，可真了不起！学校的仪仗队正需要你这样优秀的队员，你愿意加入我们吗？”小郭没显出丝毫犹豫，愉快地点头答应了！

雏鸟新飞，临万丈悬崖

开学第二周，仪仗队的训练正式开始了，我们的仪仗队有 3 种乐器：大鼓、小鼓和大镲，小郭被安排在大镲队。训练由易到难，起初，我和搭档黄老师带着孩子们用拍手和拍桌的方式来练习节奏，而小郭对节奏掌握得最快、最稳，从不喊苦喊累。我暗自窃喜：小郭并未像传闻的那样排斥训练，想必他已经接纳仪仗队了！我悄悄为自以为是的“成功”画下了肯定又圆满的句号。

在经过几周的手势动作规范学习、站姿的训练、听觉与节奏的训练、模仿乐器合奏等一系列练习后，终于到了真正使用乐器的这一天，孩子们期盼已久，摩拳擦掌，跃跃欲试。在下发乐器时，我突然观察到小郭的反常，他躲到了教室的角落里，紧紧捂着耳朵，边摇头边默默流眼泪，就像一只受惊的小猫。我赶紧向前，抚摸他的头，俯下身子问道：“小郭，发生了什么？可以告诉老师吗？”他不语，依旧红着眼眶。

“是同学欺负你吗？”他摇头。

“有哪里不舒服吗？”他继续摇头。

“你想家了对吗？”小郭仍旧摇头……

“是不喜欢这个新乐器吗？”终于，他点头承认了。

这时我才意识到，原来他如此抗拒仪仗队，是因为他害怕镲的声音，而以前的训练，由于一开始便上手使用大镲，没经历过渡阶段，因此他从第一天训练就产生抵抗情绪，这就是小郭几度被选入队而又退出的原因。

从那天之后，小郭再度拒绝参加我们的训练。

“音”爱同行，守望雏鸟重飞

我明白，特殊教育是一门道阻且长的事业，面对这群“折翼的天使”，老师就是他们的翅膀，如果连我们都轻言放弃，那么他们将难以飞上自己世界的顶峰，俯瞰高空下的美景，更何况小郭是一个可塑之材。

我开始考虑，要不给他换种乐器吧！大鼓？可小郭的个子偏小，沉重的大鼓对他身高的压力过大。小鼓？但小鼓的节奏过于复杂，速度太快，且队员全是听障部的女孩子。

经过与黄老师商量，我决定保持原样，并尝试说服小郭。

于是我告诉小郭：“没关系，慢慢来，你可以先不练，只要能来，就是进步了，你先坐在一旁看同学们练习。”但是，因为小郭患有唐氏综合征，性格也较为固执，一旦认定了一个主意，“九头牛也拉不动”，没有老师的严格要求，他“躲避”我就成了家常便饭。就算我用各种方式吸引、使用激将法，他仍不为所动。我开始意识到，这样的方法治标不治本，要帮助小郭克服困难，就要勇于面对它、设法突破它。

在一个秋高气爽的午后，我把小郭叫到了办公室，决定从他喜欢的乐器入手。谈话中，我了解到小郭对木质类乐器接触较多，如沙锤、响板、木鱼等，他喜欢清脆、短促而无延绵的声音，而对金属乐器接触较少，我便找出了碰铃和三角铁，因为它们与镲相似，我需要加深小郭对金属乐器的了解。

认识碰铃和三角铁后，小郭逐渐接受了明亮悦耳、穿透力强的延绵音，他对这两个“新朋友”爱不释手，我趁热打铁，说道：“小郭，它们还有一个很好的兄弟，你知道是什么乐器吗？”小郭摇摇头。

“是镲。”我说。

小郭重复着我的话，似懂非懂地问：“镲？”

“是的，就是你在仪仗队里使用的乐器——镲。它也是金属家族的乐器，只不过它更大，声音更明亮，也更好听！”随后，我掏出手机，播放一段大镲在升旗仪式中的演奏视频：“你瞧！大镲在乐队中，是个重要的角色！它气势恢宏，声音洪亮，可不是谁都能演奏好它的！但是小郭，你很聪明，你和碰铃、三角铁能够快速结交朋友，老师相信，你一定也能演奏好镲！你愿意和它交个朋友吗？”小郭点头答应了。

我立马找来了镲，牵着小郭的手，轻轻抚摸着乐器，我告诉他，镲完全可以根据他的喜好和力度来发出他想要的音量和音色，如果不想太刺耳，则轻轻敲击，如果需要快速静音，则用身体触碰镲。小郭半信半疑地打量着，在我的讲解下他尝试摸索，渐渐地，小郭似乎找到了控制力度的要领，声音的大小也在他的掌控之下，终于，他大胆地敲出第一个声响。

“哇！小郭你太厉害了！”我忍不住为他鼓掌，这时的小郭喜笑颜开，害羞地低下了头。这声喜庆的“锵——”还在回荡着，似乎也在庆祝着小郭的勇敢和胜利。

向阳高飞，遇见更好的自己

接下来的一周，我利用课余时间对小郭进行个训辅导，让他尽快跟上训练的进度。初归仪仗队的他，虽然稍显落后，但愿意拾起乐器就是小郭最大的进步！因为他克服了困难，跨越了坎坷，突破了自我。

大半个学期过去后，小郭在仪仗队的训练中愈发游刃自如，自信满满的他似乎浑身“自带光芒”，凭借精湛的演奏，他站到了大镲队的主要位置。在社团汇报演出中，小郭和队友们共进退，圆满完成了表演，获得了师生的一致好评。

在台下指挥的我，心里倍感欣慰。真正的教育不光是“教授”，还有“育人”。培养学生积极向上、克服困难、坚持奋斗的精神品格，让他们懂得以昂扬的心态谱写青春的华章，这和向他们传授知识一样重要。孩子，路还很遥远，遇到困难别低头，请迎难而上，攻克难关，你一定会破茧成蝶，在成长路上遇见更好的自己！

专家点评

小郭从抗拒仪仗队到能勇于面对，和新乐器交朋友，最后自信地演出和展示，詹老师就是为小郭插上翅膀的那个人！在特教老师很难覆盖全科教学的情况下，詹老师能做到如此精准和专业，着实让人敬佩！

我特别推崇和倡导培养孩子的节律感，也因此培养了一些唐氏综合征儿童，并看到许多成功案例。无论哪种特殊需要儿童，在他们解决金字塔的底部问题（包括生存、自理、基本规范、基本礼仪等）后，再发展自己的优势和长处，便可以更好地带动自己的短板，这也是我提倡举办唐氏综合征患儿艺术节的初衷。我们的艺术节已连续举办 3 年，通过静态的画作和动态的节目表演，得到了家长、同行、领导以及社会各界的高度认可和好评。

专业的艺术能力和特教能力

在高职教育中，有一个名词是我们大家耳熟能详的，那就是“双师型”教师，有一种解释是教师在获得教师系列职称外还需要取得另一职称。其实，在特殊教育中，也存在很多“双师型”教师，这里的詹老师就是一位典型的“双师型”教师。我们只看她对鼓乐队中各类器乐、打击乐的了解，就发现她已经足够专业。

詹老师把小郭叫到了办公室，决定从他喜欢的乐器入手，如“谈话中，我了解到小郭对木质类乐器接触较多”，以孩子熟悉的木质乐器引入，拿出孩子接触较少的金属乐器——碰铃和三角铁。为何要认识这两种乐器，詹老师也是有考量的，“因为它们与镲相似”。詹老师有意加深小郭对金属乐器的了解，在她精心的铺垫和推进下，小郭逐渐接受了，对这两位“新朋友”爱不释手，詹老师“趁热打铁”，最后引出镲，对他说：“它们还有一个很好的兄弟，你知道是什么乐器吗？”在孩子对乐器已经建立好感的基础上，老师进行更深一步的推进和引导，詹老师利用手机播放了一段大镲在升旗仪式中的演奏视频，继续乘胜追击，运用心理学上的反向激励，鼓励孩子上手，继而又加以赏识、表扬和肯定。孩子终于点头答应了。这里已经取得了第一步的成功，孩子从原来的抗拒到开始接受。

詹老师没有松懈，立马找来了镲，牵着小郭的手，轻轻抚摸着乐器……终于，他大胆地敲出第一个声响！接下来老师详细耐心地讲授方法，让孩子快速找到控制力度的要领，帮助他顺利过渡。这种扎实的艺术专业功底和对学生透彻的了解，最终成就了小郭的勇敢！

因人制宜和因材施教

按照小郭原本的状态，仪仗队中其实并没有适合他的“岗位”，大鼓的尺寸不合适，小鼓的节奏太复杂，如果詹老师松懈一点点，这个孩子可能就和仪仗队无缘了！为何詹老师不松懈，最初可能是因为她的疑问与好奇，如文中提到的，虽然小郭患有唐氏综合征，但老师们都夸他聪明、能干，唯独“只有仪仗队，是他几度被选入队后又主动退出的”。这种传闻已经引起了詹老师心中的好奇。确实，后来小郭的表现非常不错，詹老师向小郭发出邀请的时候，他也没表现出丝毫犹豫，愉快地点头答应了。

本以为孩子答应了就好办，但在经过几周的前备技能学习等一系列练习后，“终于到了真正使用乐器的这一天……我突然观察到小郭的反常，他躲到了教室的角落里，紧紧捂着耳朵，边摇头边默默流眼泪……”经过反复询问，詹老师才意识到，原来小郭如此抗拒仪仗队，是因为他害怕镲的声音，而追溯以前的训练都是一开始便上手使用大镲，没经历过渡阶段，所以他从第一天训练开始就会产生抵抗情绪，这就是小郭几度被选入队而又退出的原因。这时詹老师开始努力地设计方案，让小郭能很好地扬长避短。在詹老师的引领下，小郭克服了困难，跨越了障碍，突破了自我，一直到游刃自如，自信满满，最后绽放光芒，精湛的演奏赢得了大家的尊重、认可和好评。

愿每一个特殊需要儿童都能以合适的方式表达自己，以合适的方式呈现自己最美的一面！

育一粒种子，开灿烂之花

王　钊　谢小倩

阿靖，男生
16 岁
智力障碍

每一朵花的绽放都要从种子开始。而在这个春天，阿靖也终于迎来了他的第一次“盛开”——站上神圣的领奖台！

阿靖个子不高，皮肤黝黑，我从前任班主任那里了解到，他的性格非常腼腆、倔强。刚到特殊教育学校时，他怎么都不愿意进入班级，拒绝与老师同学沟通，还是得到了校长几日的陪伴鼓励后，才慢慢有勇气进入教室里。再后来，他总是犯错误，经常欺负同学。因此，“暴躁、粗鲁、蛮横”成了我还没有认识他的时候就留下的初印象。所以在接手班级时，我暗下决心，要给他来个“下马威”。

很显然，事情的进展不会如我想象的那么顺利。很快，阿靖就成了最让我头疼的学生。我时不时会收到来自生活老师的告状，如“他在宿舍又欺负同学啦！”还会收到来自学生的告状，如“老师，他骂人啦！”起初，遇到这些状况时我都选择了私底下与他解决，他总是低着头没有多说话，脸上的表情酷酷的，每次说完就默默点个头，我以为能用道理感化他，让他明白。但过了不久，同样的事情还会再犯。终于，我忍无可忍了，在班会课上当着全班同学的面狠狠地数落了他。课后，他一言不发，见了我也是躲得远远的，生怕我再次数落他，对我避之不及。

这样的日子维持不久就被打破了，因为他又犯事了，他推了一年级的同学。一大早在我去学生宿舍的时候，生活老师又跟我告状，他在昨晚下楼活动时狠狠推了一个同学，导致该同学磕到淤青。一听到他又被告状，回到教室我就爆发了，狠狠地批评了他，甚至都来不及问他动手的缘由。在我刚开始批评他时，他开始喘着粗气，推桌子，甚至还一边碎碎念一边瞪着我，于是，我更加生气了，声音不自觉提高，我也能明显感觉到他的怒火在熊熊燃烧！突然之间，他踹开了桌子冲了出去，那一刻，我真的被吓到了。他怒气冲冲地跑到校长办公室里告我的状，他说他不想再待在我的班级里，还反过来将了我一军。也就是那天我看到他在操场上怒吼着奔跑，作为新工作不久的老师，此时的我真的非常苦恼，我应该如何应对？

他在操场上奔跑了许久后，我来到操场上准备制止他继续跑下去，因为当时已经下起了小雨。没想到他仿佛没听见我叫他似的，依旧一圈又一圈地跑着。劝了几次无果后，我没有再干涉他的宣泄，而是默默地跑到他身边陪着他跑，我尝试在跑步中与他沟通，但他都没有对我有所回应。我们僵持了将近一个小时，此时的雨变成瓢泼大雨，他依旧没有停下来的意思，我见状也放弃了劝阻，只是陪着他在雨中奔跑着。终于，他停下来之后，我问他："气消了吗？"可能没想到我会陪着他一起跑，他才抬起头看着我说道："老师，你冤枉我了。"那一刻我内心五味杂陈，难道真的是我误会了他？

在我沉思之际，他默默地转身回了宿舍。夜里我收到了生活老师的紧急电话，他发烧了，而我也没逃过感冒的"袭击"。但那时我已经顾不上自己了，着急地跑到宿舍里带他去医院，挂点滴，为他跑上跑下地奔波着。

校长知道我们来了医院后，也急匆匆地赶来，看到医生已经给他用上药后，我终于松了口气。可校长很快也发现了我的"不对劲"，连忙喊来医生，原来我也发起了烧。此时我才意识到自己的身体也极其不舒服，最终我也坐在他身边一起挂起了点滴。校长照顾好我之后，坐到了我们身旁，慢慢地帮我建立起沟通的桥梁。原来那天阿靖从教室跑出去后，去了校长办公室，把他心中的委屈诉说给校长听，包括我对他的误解，他对我也很失望。校长对他进行了开导，告诉他老师的良苦用心。看到我夜里急着带他看病，都顾不上自己，他似乎明白了我对他的用心，轻轻地点了点头，才开始慢慢向我叙述一些事情背后的缘由。有时候他的好意会被曲解，那天他是想帮值日老师把一年级的同学带上宿舍楼，但该同学在挣扎之中撞到了门，所以磕淤青了。原来是我冤枉了他！

而正是这次袒露心声，重新推翻了我对他的认识，也意识到也许是我带着主观的想法先去认识他。也正是这一次，打开了我的新思路，我试着重新认识他。

从那次之后，我时常会默默地观察他与同学之间的相处，也慢慢感受到他温柔的一面。他会帮助同宿舍的低年级同学洗澡，照顾他们的生活起居，会在课间的时候问老师需不需要打水，也会在搬东西时第一个挺身而出。每一次我都会及时给出一些正面的表扬，他总是害羞又结巴地说："不客气，下……下次还喊我啊！"后来发现，曾经我以为他"欺负同学"，是因为他力气比较大，想要帮助老师拉住某位同学，而懵懂的他没有注意力道，因此总是不小心弄伤同学。而"暴躁"是因为他好面子，不喜欢在公众场合被点名，误以为那是对他的否认，此外，他有时候会克制不住自己的情绪而做出一些容易让人误会的肢体语言动作等。在经历了那次雨中的跑步以及深夜的悉心照料后，他终于慢慢对我敞开心扉，跟我约定好要改掉这些不好的毛病。

那天看到他在操场上狂奔，我想到为什么不用跑步的方式让他宣泄一下精力呢？为什么不发展一些适合他的运动来发挥他的优势呢？于是我把想法和他说了之后，他眼睛里冒着光，一直在点头，他说："老师，我很喜欢运动！但……我能行吗？"我坚定地朝他竖起了大拇指："相信自己，一定可以！你能行！"

从那时候起，每天早操前的活动时间，下午的活动课结束后，他都会到操场跑步。每次他满头大汗却满脸笑容地回教室，都会高兴地和我分享："谢老师，我今天跑了十圈！"看得出来，他是很喜欢跑步的。本以为只是一件消耗他精力的小事，没想到他能坚持下来并乐在其中，我也发现他挺有运动天赋。我突然想到，他不喜欢被说教，希望被肯定，但只有做得好的地方才能被看到、被肯定呀！何不把跑步发展成他的特长呢？于是，我跟我们班的体育老师，也就是校长一起商讨了这件事情之后，这个想法得到了校长的支持，我们马上对他进行了有计划的训练，每天晚上，我们利用下班时间，把他从宿舍带到操场进行训练。在那些平淡的日子里，校长日复一日地帮着他做强化训练，他也从不曾喊过苦喊过累。他还会在一切自由活动的时间里训练，经常找我帮他计时，他想要进步，想要变得更好！看着他一点点的进步，我不禁感慨：还好，他给了我信心，让我有一个重新认识他的机会；还好，他真的没有让我们失望！

后来，当学校收到邀请特校学生参加某省残疾人运动会的消息时，校长很兴奋地告诉我，阿靖有机会去参加比赛了！当时我还有点担心，他没有参加过这么大型的比赛，能行吗？他敢去吗？没想到告诉他这个消息时，他毫不犹豫地说了一句："去！谢老师，我给你拿奖牌回来！"当时的我觉得那只是一句玩笑话，他愿意参加挑战，就已经是最好的了。知道有这个比赛之后，他每天更加积极地训练，总是跟在校长身后，让校长教他一些更专业的跑步姿势、比赛规则等。不仅如此，校长还教他新学了一项运动——扔铅球。他从未接触过这项运动，起初学习起来时还是比较吃力的，他也曾感到挫败，但好在有校长的一次次鼓励，让他坚持了下来。从那之后，他的脸上总是挂着灿烂的笑容，慢慢学会如何正确地表达自己，管理自己的情绪。

很快就到了比赛的日子，他跟着市残联训练队一起去参加比赛，我们全班同学守在直播的电视机前为他加油。经过几天的激烈比赛，他真的赢得了两枚金牌以及一枚银牌。我之前对他的期待就是顺利完成比赛，体验一下竞速的感觉，而他却在认真兑现他的承诺，带着奖牌回来了！回想着他在操场上坚持不懈的身影，我不禁感叹，这些奖牌都是他用自己的汗水浇灌出来的，这一刻，我真的为他感到特别骄傲！

当一份职业变成一份属于“爱”的责任，当师生之间变成心与心的交流，我们找到前行的动力，于困境中找到方向，踏上征途一往无前，于赛场上绽放光彩，我们，都在不断地成长……

专家点评

这篇故事散发着浓浓的爱意，让人觉得美好和珍贵。校长、老师对学生的关爱，学生对老师的敬爱……这里的讲述，是对“将特殊需要学生从社会的负担变成社会的财富”的最好诠释！

以爱为源，劣势成优，优势更优

文章中处处透露出的爱，是所有行动的源头。

故事里有老师对学生的爱。沟通无果时，谢老师先暂时放下，默默陪伴。这种陪伴不是坐着旁观，而是陪着阿靖在大雨里跑了一个多小时。这里老师没有使用强力，而是用了最温和的办法，所以收获了阿靖的真心话“老师，你冤枉我了。”正因为有这份爱，老师才有可能找到事情本来的面貌，也才有可能跟孩子达成和解，建立跟孩子共情的基础，才有了引导孩子的基础。

故事中有校长对老师和学生的爱。在谢老师的讲述中，校长的出场频率特别高：从阿靖不愿进班级，拒绝与老师同学沟通开始，是校长几日的陪伴鼓励，阿靖才慢慢有勇气重新回到班级里；发生冲突，阿靖第一个找的是校长；阿靖病了被老师带到医院后，第一个冲到医院来的是校长；发现老师生病的也是校长。校长是老师们坚强的后盾。

原来校长不仅要与师生沟通，还要在背后默默地引导。而这个班的任课老师之一就是校长，当老师发现孩子的运动优势后也是跟校长一起商讨。在那些平淡的日子里，校长日复一日地帮着学生做强化训练，并且带来了好消息——“阿靖有机会去参加比赛了！”校长还让阿靖学习了一项运动——扔铅球，在校长的一声声鼓励下，他坚持了下来。

正因为有了老师们的爱，阿靖通过实际行动兑现了自己的承诺，也促进了运动能力的发展，努力赢得了人们的尊重！

教师合力，攥指成拳，协同推进

在特殊教育里面，孩子大多是缺乏自律和自我调整能力的，他需要周围所有参与教育的人达成共识，形成一个严密的教育和支持网络。

谢老师和校长都做到了这点，从经历了那次雨中的跑步以及深夜的悉心照料开始，阿靖慢慢对谢老师敞开心扉，也就有了向自己的坏习惯“开刀”的基础，同时也让谢老师想到了对他的培养计划——“那天看到他在操场上狂奔，我想到为什么不用跑步的方式让他宣泄一下精力呢？为什么不发展一些适合他的运动来发挥他的优势呢？”正是这次契机，谢老师和校长在已经有良好合作的基础上，再次高质量地形成合力，共同奋斗，造就了一个双料冠军！

这个孩子，从老师的描述来看，他有一定的理解力，并且能理解文字符号的意义，有比较正常的甚至是恰当的情绪表达，这也说明他的智力程度是比较高的，这是一个很好的基础。对于这类孩子来说，老师的关心显得尤为重要，只有先跟他共情，让孩子感受到老师的真心，才有可能成为他的朋友，孩子才能主动接受老师。

同时，这里也有一个问题，就是意识和能力的问题。孩子其实是有这个意识的，他想帮助同学，这也是非常好的基础，但他缺乏的是能力。这里需要做的是在帮助同学这件事情上，要教会孩子适当的行为，如如何恰到好处地发力，既能帮到同学又不至于伤到同学。对于老师来说，要考量能力跟意识的关系，孩子有意识但没能力，会帮倒忙，有能力没意识，本事根本使不出来，因此，如何把握尺度是教学的重点。

阿俊，他变勤快了

马海萍

阿俊，男孩
15 岁
唐氏综合征

2015 年 9 月，阿俊经过评估被选入了劳动队班级，能被选入劳动队班级是因为他的能力相对较好，通过培养，他有望在毕业后进入社会工作。

刚进劳动队班级时，阿俊脾气倔，做事拖拉，我行我素，这也是很多唐氏综合征人士共有的一些特征，很多时候大家会用一句“他们是这样的”来默许他们的这些行为，但事实证明，很多行为是可以通过训练来改变的。阿俊有唐氏综合征人士的一些共性特征，但同时他也是个有些小聪明的孩子，会挑活干。在洗衣服时，他会把所有的衣服看一遍，选一选，看哪一桶少，就选哪一桶来洗。他也很会偷懒，一会儿去喝水，一会儿去上厕所，一桶衣服要洗很久，而且不保证质量，只是做完洗衣服的流程，劳动队的各项规章制度他都不遵守。每当他因种种原因被扣分时，他都不以为意，会做出无所谓的表情。

劳动队的学生都是具备了初步的劳动品质才被举荐进来的，然后通过师傅带徒弟的模式训练一年后，再走向社会，可这个学生完全打乱了我之前的训练模式，他那无所谓的态度让我很头疼，我在想："是他还不具备进入劳动队的品质呢，还是我的训练方法有问题？"经过几天的观察，我针对他的问题制订了一套属于他的训练计划。

他不是喜欢偷懒吗？那就给他布置定时定量的任务。起初他还是像之前那样懒散，以为可以像以往那样浑水摸鱼，我没有进行干预，只是定时提醒他看时间。午餐时间到了，阿俊看其他同学完成任务后都走了，他也放下手里的任务跟着走，我拉住阿俊，表情严肃、语气坚定地说："完成任务才能走！"我们对视了一会儿，他用力地甩开我就坐到一边发脾气，我去做我自己的事情，假装没有理睬他，等他脾气缓和下来，也在偷偷地观察我时，我顺势给他个台阶下，走过去拉他起来，和他一起完成剩下的任务。

计划实施的前一段时间，阿俊还抱有侥幸心理，企图蒙混一次是一次，可每次都是混不过去，慢慢地，他知道了他必须得把活干完才能拿到工资，才能去吃饭。之后，我又提出新的要求："要保证质量！"我要求他每天的工作要在保证速度的基础上，还要保证质量。

阿俊能按时按量完成任务后，我们就加大工作量。开始阿俊的服从性较好，随着任务量的增加，阿俊又开始嫌累，去喝水或坐到一边发脾气，我没有干预，召集其他的同学也坐下休息，去喝水或上厕所，休息了一会儿，我们又开始劳动了，阿俊虽极不情愿但也慢吞吞跟着。

我见状就和阿俊商量："找两个同学帮你好不好啊？"阿俊点点头，脸上露出窃喜的笑容。"但要支付两元哦！"他也爽快地同意了。在两个同学的帮助下，他按时完成了任务，准时去了饭堂。我跟生活老师沟通，阿俊的中餐和晚餐都要比别的同学少吃一种菜，并且少的这种菜得是他喜欢吃的，因为他今天的工资少了两元钱，用来给帮他的同学多加个菜，并要他们坐在一起吃，让他们有个比较。通过及时的干预，阿俊体会到了多劳多得、不劳不得的道理。

为了让他的劳动状态得以继续巩固，我又多制定了一些消费项目：他喜欢画画，画画本要用工资来换；每月一次的看电影活动，要用工资去买电影票；宿舍区有图书看，有游戏玩，也需要用工资来消费。他也可以把每天多余的工资积攒起来，到星期五下午，在教室用工资换强化物（一些小零食或学习用品），可以带回家与家人分享，我与家长提前沟通好，家长一定要给予孩子肯定、赞扬和鼓励。我想人并非生来就勤快，只要阿俊还有一丝的需求，就有被改变的可能，消费项目的执行，让阿俊在劳动的时候比以前积极主动了很多。

阿俊变勤快了，他是为了满足自己的需求而努力劳动，还是真的喜欢上了劳动？我们不得而知。但是，不管怎样，他变勤快了，这是我想要的结果。著名的思想家、教育家卢梭曾经说过:“在人的生活中最主要的是劳动训练，没有劳动就不可能有正常人的生活。”人性化课程的宗旨是为了让学生有尊严地活着，而这份尊严也一定来自劳动。

专家点评

普通教育中的职业教育提倡“双师型”教师，而马老师，就是特殊教育中当之无愧的“双师型”教师。这也是学校的独特探索——劳动意识的建立是中重度智力障碍学生走向自立的关键，所以就有了故事中的“劳动队班级”“师傅带徒弟”“一起完成剩下的任务”“多劳多得、不劳不得”。我们每个人都懂的道理在马老师这里变成了具体的训练计划：责任到人、任务定时定量；请人帮忙要付钱，少赚钱少吃菜，多赚钱多吃菜……这些劳动中的真实感受和不同变式的体验对于唐氏综合征学生来说无疑是有效的，从最后的结果我们可以看到阿俊劳动时比以前积极主动了很多，我们希望这个“积极活动”能够持续，能够成为阿俊持久而稳定的劳动品质。如果每个学生经过教育都能够进入社会，成为自食其力的社会成员，那么将是特殊教育从业者的极大成功。

马老师对待这个脾气倔、做事拖拉、我行我素、爱偷懒、对扣分无所谓、有些“小聪明”的阿俊可谓用心良苦，也坚信很多行为是可以通过训练来改变的。提出要求的时候马老师

“表情严肃、语气坚定”，不能休息就是不能休息，不能吃饭就是不能吃饭。马老师在阿俊脾气缓和下来的时候，再给个台阶下，“走过去拉他起来”，跟大家一起干活，坚持不让阿俊蒙混过关，直到他知道了必须把活干完才能拿到工资，才能去吃饭。当阿俊的一种品质基本稳定了之后，马老师又开始了新的挑战——不断提高要求，既要有速度又要有质量，当他可以按时按量完成任务后，马老师又加大工作量，到阿俊又开始出现情绪，如“阿俊又开始嫌累”，马老师继续干预，直到最后的变化。

在故事的最后，马老师留给我们一个很好的问题：“阿俊变勤快了，他是为了满足自己的需求而努力劳动，还是真的喜欢上了劳动？”劳动，是人维持自我生存和自我发展的唯一手段，无论是过程还是结果，我想到最后，一定是两者兼而有之吧。

特别的你成就特别的我

李宜萍

小怡，女孩
2岁
听力障碍

2014年春天的一个上午，一位老太太和一位年轻的妇女抱着一个两岁多的小女孩来到我的教室门口，轻轻敲开教室门。两个大人渴求的目光让我走近她们，我告诉她们：“稍等一下，等我下课后再聊。”下课后，我来到她们三个人身边，发现小女孩长得非常水灵。小女孩叫小怡，是个听力障碍儿童，家住在偏远的一个小村庄。老太太是小女孩的奶奶，年轻妇女是小女孩的姑姑，因姑姑在本地定居，得知这里有一所特殊教育学校，就把孩子带了过来。

了解情况之后，我开始对小怡进行初步的评估。我查阅她的诊断书，用简单的方法来测试她的听觉能力，经过测试我发现她是有剩余听力的。我对小怡姑姑说：“我愿意收下她，但听力障碍儿童的语言训练单靠学校的学习训练环境是远远不够的。这是一个循序渐进的过程，需要家长的指导与配合。”小怡父母都在外地打工，奶奶年纪大，不太会说普通话，也不太识字，无法承担指导训练的任务，这个担子就只能落在姑姑的肩上。尽管姑姑有两个孩子要照顾，小儿子才读一年级，每天也要接送，但是姑姑还是爽快地答应了。

我伸手抱过小怡，小怡一边哭着，一边用双手紧紧缠住奶奶的脖子，不肯让我抱。我试着掰开她的双手，把她从奶奶身上抱下来。小怡哭得更厉害了，双手缠得更紧了，怎么办呢？如果让她知道哭闹管用，会影响后面的训练，因此，第一次就必须要消除这种心理暗示。我想，这小女孩年龄小，又有剩余听力，必须尽早地进行干预，尽快地给她进行抢救性的言语康复训练，使言语康复效果达到最大化，于是我决定必须给她上好人生的第一堂康复训练课。

我“狠心”地从小怡奶奶手里把小怡“抢”了下来，抱在我身上，对她的奶奶和姑姑说：“你们躲起来，不要让她看见。”刚开始小怡哭得厉害，我就静静陪伴她，帮她擦一擦眼泪，靠近她，抱抱她，拿起小玩具吸引她的注意力。她开始慢慢和我靠近了，慢慢接纳我了，我们迈出了训练的第一步。

之后要怎么办？当前语训班的学生都是老生，以集体课为主，加之当前学校师资严重不足，个训课无法单独安排出来，只能在集体课中完成个别化指导。可是这个小女孩刚入学校，只有两岁多，与语训班的学生相比，不管是在年龄还是在所学知识的难易度上都存在很大差异。我知道，一定要给小怡安排个训课。面对这样特殊的学生，以及学校师资紧张、课务繁多的压力，我该怎么办呢？怎么另外安排时间给她上课呢？

经过一番思想斗争，我决定不管多难都要收下她，她的个训课就这样安排在了我的课程表之外。每天我上完自己的课程，就会利用自己的课余时间，或课间或午休或傍晚，尽可能为小怡上个训课。

小怡的听觉训练内容包括听声音的有无、听声音的方向、辨听不同自然声响及记录听声音的次数等。训练中需要演示、模仿的地方，都由我和她的姑姑辅助她一起完成。渐渐地，小怡能听了，能感受到声音了，接下来我开始给她做发音训练。我拿着镜子，让她对着镜子看着我的口型，手摸着我的声带处，让她感受声带的振动，感受声音的发出。要发出一个简单的音，对于听力障碍儿童来说是很难的，必须经过无数次的练习，老师要不停地示范，有时候老师的嗓子都喊哑了、声带都喊得水肿了，孩子才发出一个简单的音。

小怡跟着我，训练得非常认真，一遍一遍纠正自己的发音，从一个字到一个词再到一句话，总是无数次地模仿、跟读。我还经常把小怡带出教室，让她走进校园，走进社区，走进生活场所（菜市场、超市、商店等），走进大自然。我会旁若无人地跟她交流，从来没在意过别人异样的眼光。我在生活中时时刻刻都给孩子进行语言训练，不放过任何一个教她说话的机会。有一天傍晚，我又在给小怡上个训课，小怡的姑姑来了，小怡看见姑姑，突然艰难地用不是很清晰的声音喊了声“姑姑”。姑姑跑过来抱起小怡，流下了激动的眼泪，还说:“宝贝，你终于会叫我了！”小怡能说话了，她的语言能力得到了大幅度提高，我的心里很满足，觉得每天增加的课时有了回报，觉得自己的付出是值得的，我已经带着小怡迈出了言语康复训练的第一步。

从那时到现在，小怡一直在我的班上学习，她会说好多话了，能与老师、家人对话交流，自信心也得以提升。如今，小怡成了大家都喜欢的“康复之星”，会说话、会跳舞、会画画。看着她的蜕变，听着她叽叽喳喳说个不停，我感觉自己的付出没有白费。特别的你成就了特别的我，是你让我有承担重担的勇气，是你让我有收获成功的喜悦。为了我的学生，我愿意牺牲自己的休息时间，把他们从无声世界中抢救过来，及早给他们进行言语康复训练，让他们能得到及时的干预。我希望有更多的听力障碍儿童，从无声世界走进有声世界，感知世界的美好，消除心中的自卑。

专家点评

李老师的特别行动真的很“特别”，虽然近年来国家加大了对特殊教育的支持，但部分经济薄弱地区暂时还面临特殊教育资源不足的情况。就是在这样的情况下，李老师看到“两个大人渴求的目光”，也心疼长得非常可爱却不能说话的小女孩，于是义无反顾地收下了这个学生。在随后的日子里，李老师也真的如此，将孩子的个训课就这样安排在她的课程表之外，利用自己的课余时间，以及一切可以利用的时间为小怡上个训课。

勇于挑重担，没有条件就不断努力创造条件

李老师是有意识地去做好家校沟通工作的，而且这也是必不可少的。孩子因为家庭的原因，来到相邻城市的特殊教育学校。对于李老师而言，既然收下了这个孩子，就要为孩子的学习负责。李老师的真诚换来了小怡家人的配合与支持，因为小怡的父母和奶奶都没有条件，无法承担指导训练的任务，这个担子就只能落在姑姑的肩上。值得庆幸的是，姑姑爽快地接下了这个重任。

没有听力检测评估报告，李老师只能用简单有效的办法来了解学生的原始水平。我们知道，对一个特殊需要儿童进行教育训练，先要进行评估，了解孩子的原始水平和基本能力，评估后老师才能有针对性地进行教学。听力障碍儿童的语言训练也不例外。我们需要知道孩子的剩余听力是什么程度，是轻度听力损失、中重度听力损失还是极重度听力损失，她的听知觉、听表象水平达到什么程度，智力又达到什么水平。

没有“入学第一课”，就创设“入学第一课”。每个特殊需要儿童入学的第一个学期、第一个月、第一节课都是很重要的节点，因为初始概念的建立很关键。李老师显然很有经验，才见第一面就开始“上课”。李老师的靠近、陪伴、拥抱，让第一节课成功了——小怡慢慢和李师靠近了，慢慢接纳李老师了，师生迈出了训练的第一步。为了让孩子能早一天说话，李老师给自己主动增加了一个有挑战难度的任务，最终她成功了！

没有达到集体水平，就创设出无数的“补课”课堂

面对巨大的困难，李老师想到的是，如果放弃她，她的家人不知道怎么跟她进行言语康复训练，可能孩子将一辈子都无法与人交流。是的，这可能是小怡人生的转机和接受教育的契机。为了不耽误孩子的最佳训练时间，李老师必须付出更多的时间和精力。

于是，李老师利用一切可以利用的时间，和时间赛跑，在孩子的语言黄金期和关键期努力抓紧训练，这不是尽力而为，而是全力以赴！直到小怡不断进步、取得一个又一个的新成就。李老师的抢救性康复，让孩子从默默无言到滔滔不绝，语言能力得到迅速提升，这真是了不起的成绩！

五　走向未来篇

渴望参与到社会中去，几乎是每个人的天性。几乎所有人从出生的那一刻起，就开始与社会建立联系，逐步融入集体生活。特殊需要学生融入社会是一个细腻而复杂的过程，它涉及多方面的努力。特教老师、学校、家庭、社会需要形成合力，给予特殊需要学生足够的包容和共情，信任和引领，帮助每个孩子进入社会、融入社会，拥有更高质量的生活，成为能自食其力的劳动者。让我们坚持用爱的陪伴和鼓励，让每个特殊需要学生都能找到通向未来的路，焕发出生命的精彩！

于无声处听“惊雷”

吕　新

玲玲，女孩
9岁
智力、听力双重障碍

一天，我接到一个已经毕业的学生玲玲的视频电话，通话中她和我分享她找到工作的喜讯——她成了残联办公室的一名办事员。玲玲是我当班主任带的第一届听力障碍班的学生，也是班里基础最差、最不让老师放心的学生。我为她能找到工作、能够自食其力的消息感到特别欣慰，同时也想起了教学过程中的点滴往事。

那是周一的早上，我在上第一节语文课。如同往常一样，我在讲课之前抽查学生的课后阅读和自学情况，学生们纷纷举手，跃跃欲试。我随机抽点的两个学生都能十分流利地用手语读出课后阅读课文。扫视一周，我发现第一排的学生玲玲正无精打采、昏昏欲睡，我心想，她肯定是周末光顾着玩手机了，第一节课就打瞌睡，我立即抽点她“朗读”自学课文。看着她满脸疑惑、手忙脚乱、不知所措的样子，我更加断定她周末没有做课后阅读，气不打一处来。“不会还不认真听！”我斥责了她一句，便转身写板书，开始讲授新的课程内容。

课后，在巡查学生宿舍时看到的一幕，让我简直不敢相信自己的眼睛。平常看上去乖巧的玲玲竟然在宿舍比比画画、趾高气扬地指挥着几个低年级的听力障碍学生，那些学生一脸不情愿地帮她扫地。没想到她也“欺软怕硬”，欺负低年级学生。我当面制止了她的行为，并教育她自己的事情要自己做，更不能欺负低年级学生。

玲玲患有智力、听力双重障碍，家庭条件不好，自小由爷爷奶奶抚养长大，缺少系统的言语康复训练；接受能力较弱，不善于表达自己的想法；生活自理能力差，连怎么调节热水器温度、怎么洗脸洗澡、穿几件衣服等这些简单的事情都不会处理，因此在班级集体活动中经常处于边缘化状态，班里的同学们嫌弃她动作慢、不爱干净，不愿意和她组队玩耍。作为班主任，我把她当作重点关注对象，在学习、生活上尽可能给予她帮助，因此玲玲和我关系不错，经常愿意和我讲心里话、悄悄话，之前在我上课的时候，她十分乖巧安静，总是将细长的胳膊以标准的姿势上下叠放在课桌上，虽然基础差，但是态度端正，能够认真听讲。

现在的她上课不听讲、熬夜玩手机、欺负低年级学生，她这一系列的反常行为让我大跌眼镜，直觉和经验告诉我，她肯定出现了“小状况”。于是我利用放学时间，到教室单独找她谈心。进门后，她只是远远站着，眼神躲闪，跟我保持着距离，更不愿意吐露心声。我心里想，是不是我对她的批评太过严厉了？我开始反思自己的教育方式是不是打击了她的信心，让这个本就不自信的学生“雪上加霜”？经过深入地谈心，我了解到，原来玲玲上课打瞌睡、不做课后阅读是因为周末在家里和爷爷奶奶吵架了，爷爷奶奶年纪大且不会打手语，沟通交流很不顺畅，于是她选择通过熬夜玩手机来发泄负面情绪，被老师批评之后她的负面情绪更加严重，因此才欺负低年级同学。

了解情况后，我意识到自己对玲玲的教育方式有些生硬，也太过严厉，浮于表面，没有充分考虑玲玲的实际情况与心理变化，因此批评教育不但没有起到效果，反而让问题更加严重。我满怀歉意地向玲玲道了歉，并在实际行动上做出调整。

潜心任教，用专业化解难题

由于玲玲的语训干预开始得较迟，没有及时纠正错误发音，她的发声方式存在问题，只会胸式呼吸，发出个别单音节词。为了改变这一状况，我先从最简单的呼吸训练开始着手，而后进行发音诱导。为了让玲玲感受发音，我让她一只手贴在我的喉部声带，另一只手贴在她自己的喉部。为了区分“b”与“p”的发音，我将一张小纸条放在孩子嘴前，使其区分发不同的音时出气的不同。经过长期的康复训练，玲玲从起初只能发出单音节词，到能说出双音节词，再到能说出多音节词，这个过程是艰难的，是枯燥的，但当孩子掌握了发音技巧，在大厅里大声说给奶奶听时，那一刻，我看到了孩子对说话的渴望。同时，我也看到奶奶欣慰的笑容，那一刻我是满足的，所有的付出都是值得的。

共管共育，构筑沟通桥梁

很多学生的父母或其他监护人没有稳定工作，家庭经济困难，靠做小工挣钱。他们忙于生计，少有时间与孩子交流，且不懂手语，与孩子间的交流有障碍，家庭教育比较单一，玲玲家就是其中的典型代表。家庭教育是不可或缺的环节，家长与学生缺少交流肯定不行。家长没有时间来学校，学生回家次数也少，而且他们之间交流有障碍，这该怎么办呢？思前想后，我找到了一个办法，即利用周末节假日时间来到学校，用微信视频联系玲玲的爷爷奶奶，我给他们当翻译，让玲玲感受到爷爷奶奶的关心，也让爷爷奶奶知道玲玲内心的想法，这就促进了他们之间的沟通交流，化解了玲玲心里的误解，赶走了她的负面情绪。

亦师亦友，关注心理健康

随着年龄增长，学生心理变化快，自尊心很强，也有更多自己的想法；更加看重别人对自己的看法，更加在乎自身存在的缺陷，容易自卑，从而走向极端，甚至相互嘲笑对方的缺点，彼此之间相互瞧不上，玲玲可以说是“深受其害”。她的心理活动这么波动复杂，不适时地进行心理疏导，恐怕容易走向极端。我通过查找资料和案例，利用课外时间增加心理辅导课，普及心理常识，组织“讲心里话”活动，制作“知心信箱”，通过日记、纸条、悄悄话等形式了解、引导学生，关注他们的心理变化。

玲玲是变化最大的，她的心理包袱没有了，会像之前一样主动和我打招呼，愿意重新和我说心里话、悄悄话了。她虽然学得慢，但能够非常认真地听讲，最后完成课程学习、顺利毕业，还在残联的帮助下找到了赖以生存的工作。

特教老师面对的学生情况往往比较复杂，他们不善于沟通交流、吐露心声，内心藏着“波澜”，老师在教学过程中更加费神费力。越是如此，我们就越需要专业、细心、耐心，更要讲究方法，学会用“显微镜”“探测器”，于无声处听惊雷。每当看到学生学会发声，语言训练逐步见效，或者学生能够解决生活困难，露出幸福的笑容时，我都会觉得自己的付出和努力都是值得的。特殊教育是一项特殊的事业，我会坚持提升自我，让自己变得更加专业，希望孩子们在我的帮助下，从无知走向有识，从自卑走向坚强！

专家点评

让一个由祖辈带大的多重残疾障碍儿童完成课程学习，守护她顺利毕业，并找到一份稳定的工作养活自己，成为一位能自食其力的劳动者，这中间吕老师付出的心血可想而知！

正如吕老师所说，学生的情况比较复杂，他们不善于沟通交流、吐露心声，内心藏着“波澜”；学生的家庭情况也比较复杂，比一般的家庭要面临更多的问题，这种情况下特教老师的包容、开放、接纳、尊重的态度就显得尤为重要。

包容和共情，而不是去苛责

一般来说，如果家长没有太多的意愿去跟进，在没有学业要求的基础上，很多特殊需要儿童会处于“放羊”的状态，因为特殊需要儿童不同于普通孩子，尤其是像这种多重残疾障碍儿童，很少能通过自律来推动自己的进步。另外，由于特殊教育学校不像普通学校那样，在各个学区都有分布，孩子可以就近入学，很多偏远而广袤的地区可能只有一所特殊教育学校，很多家长没有条件每天接送，所以导致一些孩子回家的次数会比较少。当然这个情况随着两期特殊教育提升计划的开展在逐渐改善。孩子似懂非懂，却又有着自己的骄傲和自尊，长期的沟通障碍、负面情绪积累、没有归属感等一系列问题就此出现。孩子无法与爷爷奶奶和解，也无法自洽。而吕老师能共情家长、共情学生，包容各种原因导致的现状，而不是苛责家长的失职。她利用自己一点一滴的休息时间，伸出温暖的手，托起孩子无处安放的思念。

家长没有时间来学校，学生回家次数也少，而且交流有障碍，这该怎么办呢？玲玲几乎是一个待在学校的“留守儿童”，而吕老师想办法让孩子“看见”爷爷奶奶，起码能让玲玲得到情感上的满足，让玲玲感受到了爷爷奶奶的关心，也让爷爷奶奶知道了玲玲内心的想法，促进了他们之间的沟通交流，化解了玲玲内心的误解，赶走孩子心里的负面情绪。吕老师给了我们很好的启示：有时，只是一次援手，只需要一次电话，只需要一次到场，只需要一次亲力亲为，就可以安慰到一个痛苦的心灵，给予它滋养和扶持。

信任和引领，尊重每个生命

听力障碍儿童的感知特点和普通孩子不一样，听觉是人们接受外界信息、认识客观世界的重要渠道和途径之一。听力障碍儿童丧失了听觉功能，他们较普通孩子而言少了一条重要的感知渠道和途径。因为听不到声音，少了一个重要的反馈渠道，听力障碍儿童不知道“声音”为何物，或者说听不清声音到底是怎样的一种东西，导致他们不会“说话”，或者会说话、会发音却听不到自己的错误发音；因为听不到、听不清，所以听不出问题，无法感知自己的发声方式存在问题，所以很多听力障碍儿童在呼吸、气息的运用方面都有问题。吕老师沉下心来，用她的专业和坚持，先从最简单的呼吸训练开始着手，而后进行发音诱导，为了让孩子感受发音，“让她一只手贴在我的喉部声带，另一只手贴在她自己的喉部。为了区分‘b’与‘p’的发音，我将一张小纸条放在孩子嘴前，使其区分发不同的音时出气的不同”。最后，训练也收获了效果——经过长期的康复训练，孩子从起初只能发出单音节词，到能说出双音节词，再到能说出多音节词。的确，正如吕老师所说：“这个过程是艰难的，是枯燥的，但当孩子掌握了发音技巧，在大厅里大声地说给奶奶听时，那一刻，我看到了孩子对说话的渴望！”

社会是一张把人与人连接起来的网，这张网有时会有漏洞、会有断点，如果漏洞太多、断点太多，很多痛苦的生命就无法承托起来。如果我们每个人都像吕老师一样，多伸出温暖的双手，就能有更多横向的关注，这样是否能让这张网承托更多的生命呢？

让折翼的天使飞得更高

黄金焕

婷婷，女孩
16 岁
听力障碍

秋高气爽，阳光明媚，湛蓝的天空下绿意渐黄，但 G 市特殊教育学校里的花木依然繁盛，玉兰花香四溢，让人情不自禁地做深呼吸。启聪高三班的教室里正响起阵阵掌声，原来是学姐婷婷正在分享自己的求学故事。

婷婷毕业于 G 市特殊教育学校，曾以特长生的身份被本市一所普通高中正式录取，成为一名高中一年级新生。之后通过普通高中考试，以艺术生的身份提前被一所师范专科学校录取，成为一名大学生。最近，她回到母校给学弟学妹分享自己的求学故事。

作为她曾经的老师，还是她就读普通高中的巡回指导老师，我含着泪听完全程，婷婷的分享带我陷入五味杂陈的回忆，让我动容。

初入普校，方向迷茫

婷婷的家乡四周都是山，交通不便，那里发展相对落后，人们的思想较保守陈旧。

婷婷的爸爸妈妈是地道的农民，思想朴实但守旧，文化水平不高。在婷婷的教育问题上，他们一方面认为自己文化低，自己的孩子又听不见，自己也不懂手语，所以无法提供有力的支持；另一方面，他们认为孩子的教育就应该由学校老师来开展，否则把孩子送到学校干什么？

综合以上的原因，父母对孩子的未来发展没有设立明确的方向，起不到很好的教育引导作用。

婷婷刚到新的学校时，由于是从特殊教育学校到普通学校，普通学校学生多，大家忙于自己的学业，对于几乎丧失听力、获取信息主要依赖视觉的婷婷，同学们都有点“嫌弃”，觉得婷婷土里土气，写作业慢，很多知识都不懂，每次考试成绩也不尽如人意。与此同时，婷婷在特殊教育学校的同学很多都不再上学，有的已经去工作，有的因达不到工作年龄，只能在家帮助父母务农，甚至上网打游戏度日，他们经常在周末约婷婷聊天、玩游戏。在学校不受待见的婷婷，思想上的波动非常大，容易被同学及网络上的不良信息迷惑，存在跟风或从众行为，对自己的学业心生懈怠，对未来很迷茫，没有明确的规划。

师生互动，豁然开朗

得知这个消息，我再也坐不住了。一个风和日丽的周日下午，我联系上她所在高中的融合教育老师吴老师，一起到学校看望婷婷。我们来到学校时，正好看见婷婷无精打采地走在校园的跑道上，她抬头看到我后，立刻飞快地跑上来扑到我的怀里，一边比画着手语，一边叽叽喳喳地说着什么。我仔细一听，原来她说的是："老师，我想上大学！"看着她真挚而坚定的眼神，我明白了这是她的梦想。

为了让这个折翼的天使梦想成真，我和吴老师商量后，决定激励她改变原来的态度，从而认真学习，不断向老师、同学请教。

我请老师们引导班里的同学帮助她，建议班主任召开主题班会，举办以"身体有缺陷的学生应该自我放弃还是继续努力拼搏"为主题的辩论会，以本班同学的缩影为版本，通过情景表演的形式呈现，让婷婷观摩，试图用同龄人的思想感化她，给她信心，坚定其奋力拼搏的信念。

周末，我和她一起观看《千手观音》表演者邰丽华的感人事迹，我想让婷婷知道，她和大家一样都能享受美好的青春；但如果想要实现自己的梦想，必须从无声中突围，走不同寻常的路，只有这样，折翼的天使才能飞得更高。

此外，我还根据婷婷自身的条件，引导婷婷重拾自己的兴趣爱好，走艺考（艺术类高校考试）的线路。

在我们的共同努力下，婷婷逐渐明确了自己努力的方向，不断拼搏，追逐梦想。但她的家长还是不理解孩子的选择。

为此，我又和吴老师商量，先从观念入手，通过宣传教育，帮助家长树立正确的家庭教育观念。接着，基于家长难以和听力障碍学生沟通的情况，我们让家长积极学习手语，积累更多的语汇，使他们能够倾听孩子的心声，正面与孩子进行沟通交流。经过一段时间的努力，家长开始转变自己的观念，理解并尊重孩子的选择。

那天，婷婷高兴地跟我报喜："老师，我爸爸妈妈同意我继续学习啦！"看着她满脸的笑容，我也由衷地为她开心。

量身定制，规划生涯

我和吴老师根据婷婷的自身条件，围绕培养目标、课程构建、教育评估等关键性因素，为她做好生涯规划；通过打通行业领域、学科课程之间的界限，为婷婷提供学习方法、时间表和路线图，层级递进、梯度推进、循序渐进地把艺术教育和文化教育深度融合起来。

我们专门为她设计了舞蹈培养方案。因为相关文件中将基本功和民间舞设为必考科目，所以在平时的训练中，我们设置的课程以基本功和民间舞为核心，选定芭蕾舞作为专业科目，并制订了具体的学习计划。

一是学好乐理知识。统考虽然没有针对乐理的知识考核，但也有部分区外的院校在单招时设有乐理知识的考核环节。为了让婷婷在艺考中有更多的选择，同时能在舞蹈中更好地表现其寓意，我们的课程设置以乐理知识为辅，多方面进行训练，全面提高婷婷的艺术素养。乐理知识主要学习音的特性、节拍、节奏、音程、记谱的方式等内容。

二是加强基本功训练。这个训练的目标是提高婷婷身体的软开度，使她具备学习舞蹈的良好条件，为艺考做好充分的准备。通过教授脚位、步伐、手位等，训练婷婷身体各个关节的柔韧性和灵活性，让她掌握三叉一腰以及基本跳转翻技巧。经过长时间的训练，婷婷的形体得到了改善，动作的技术难度和舞蹈的表现力也得到了提高。

三是开展系统的舞蹈剧目训练。根据婷婷的体形、舞蹈表现力等条件，她的民间舞项目选择轻柔的傣族舞蹈。通过训练，婷婷掌握了傣族舞蹈安详、舒缓的动律，以及“一顺边”与“三道弯”的舞姿造型。

芭蕾舞作为主考科目，其考核的方向是学生对舞蹈艺术表现力及艺术风格和情感的总体把握，因此在教学中主要训练婷婷身体的开、绷、立、直。另外，我们让婷婷在每周的固定时间里欣赏舞蹈作品，提高其对作品的分析、鉴赏能力。通过舞蹈动作的训练和视觉的感受，婷婷在动作技术、艺术风格把握、情感表现等方面都得到了提升。

四是促进节拍、节奏的感知。基于婷婷自身的特殊性，课程设置以鼓点为切入点，学习基本节拍、节奏等知识，通过触觉、空气的振动，感受音的长短和强弱规律；在训练中，帮助她加深舞蹈动作的记忆，并且根据舞蹈情境的要求，做出相应的变化。

功夫不负有心人，经过自己的努力，配合班主任及我们的悉心引导和鼓励，婷婷以优异成绩考上了自己理想的大学。看到她现在自信满满的模样，我仿佛看见了一只金灿灿的凤凰正在展翅高飞……

专家点评

折翼的天使不仅能飞，还能飞得更高，这是需要多么大的勇气才能做到，因此，这个故事让人震撼！我不禁想到张桂梅老师的事迹，她点亮了大山女孩的人生梦想，我们这些特教老师、巡回指导老师，又何尝不是在点亮特殊需要学生的人生梦想呢！

我们评价电影时会说，逆天改命，迎接人生的一万种可能，而在这里，婷婷从一个大山走出来的听力障碍学生，变成一个省城的大学生，真是山沟里飞出了金凤凰啊！

生涯规划，让听力障碍学生成为能自食其力的劳动者

目前，对特殊需要学生的全生涯规划依旧不多，可利用的资源仍然太少。对于听力障碍学生这个群体来说，通过科学的规划、系统的铺排，他们是可以成为能自食其力的劳动者的。

不少从我们学校毕业的听力障碍学生就是做好了生涯规划，考上了大学，毕业后从事了自己喜欢的工作；也有的孩子在高中毕业后自己创业；还有的成为专职的运动员，在省级甚至国家级赛事上获奖……不管做什么，他们都有一个共同的特点：自食其力，能养活自己和家人。

这里的婷婷让我想起自己的学生——晓婷，她也是一名听力障碍学生，以下是她的故事分享。

晓婷的妈妈在晓婷很小的时候就一直向我们咨询，孩子喜欢跳舞怎么办？他们不知道该不该提供支持，如果提供支持又该去哪里学习舞蹈呢？我们一起讨论，一起想办法，一起寻找能接收听力障碍儿童的专业舞蹈机构。到现在我还清楚记得，当时我跟晓婷的律动老师一起去著名的艺术团听课和学习，就是为了学习更多的专业知识来帮助晓婷成长。老师和家长们一直在努力着，但在这个过程中的纠结和反复也折磨着老师和家长的心！

晓婷的妈妈当时曾这样留言：“赵老师早上好！昨天省残联通知晓婷12月参加集训，以备战年后的全国赛。这次的机会比较难得，可是晓婷现在的学习任务比较重，我不知道会不会影响她明年考高中，所以想听听您的宝贵意见。其实我也怕她以后没有上全国赛的舞台的机会。我不知道她以后会不会继续学习舞蹈，虽然她现在喜欢，但我还是认为她应该以学习为主……”

我是这样回复她的：“建议你和晓婷的爸爸商量，结合孩子的未来，还有晓婷自己的意见，要有一个生涯规划，就是根据她的特长和你们对学业的要求综合考虑，做一个长远的计划……”

我们就是这样边做边讨论，直到2018年晓婷走上了中央电视台少儿春节联欢晚会的舞台；之后晓婷戴上了人工耳蜗，2021年她成为全国“爱耳日”的代言人；2023年4月，晓婷成功考入某大学计算机专业！2023年5月，晓婷的妈妈把这个好消息告诉我时，我高兴得跳起来，简直比自己的孩子考上大学还要开心……

晓婷的妈妈深情地说："赵老师，晓婷可以那么优秀，多亏了你们，多亏了那时候您让我送她去学舞蹈。"

我回复道："这是启智全体老师的教育成果，更是你们做父母满满的爱意和无限的努力！"

的确，特殊需要学生的艺术天赋和各项才能是他们的优势，是他们跟这个世界沟通和带动短板的最佳桥梁，我们要努力去发现它，在解决基本生存的前提下好好保护它！

"生涯规划教育"是为高中生选择未来方向做准备的，其中包括学业规划和职业规划。对应听力障碍学生，他们的生涯规划应该是什么？他们应该学会基本的自我照顾，完成基本的学业；找到赖以生存的方式，能自己赚钱养活自己；借助形象思维发达的优势，去打开那扇美工、舞蹈、设计或其他有着无限可能的艺术之窗……

我认为，与特殊需要学生尤其是听力障碍学生谈生涯规划，有着非常重要而特别的意义。通过生涯规划，普通人可以"生活得更好"，而听力障碍学生先要"保底"，也就是"生存"。正如很多家长泪眼婆娑地跟我讲，不敢变老，不敢离去，他们无法想象没有自己的日子孩子该怎样生存下去……

我很希望给到一些建议，让家长对怎么"安排"特殊需要儿童能有理性的认识，不要盲目辞职，也不要完全依赖学校或机构，盲目“头痛医头、脚痛医脚”。这既不是盲目乐观地“顺其自然，静待花开”，也不是消极地放弃，而是在现实状况下，结合实际，为特殊需要儿童做好生涯规划，才不至于在比较严重的问题来临时被动地应付。

文中的黄老师和婷婷的高中教师吴老师在有限的条件下努力辅导孩子，甚至做了本应由家长做的事情，反过来去游说家长，为孩子找到了舞蹈艺考的路，让婷婷展开了翱翔的翅膀！

巡回教师让普通学校教师有依靠，让特殊需要学生有着落

一个特殊需要学生从特殊教育学校转到普通学校，并不是那么容易适应的。

高中同学们的“嫌弃”，特殊教育学校的同学的各种不良影响，让婷婷开始迷茫，甚至想跟风。而当黄老师来看望婷婷时，正好看见她无精打采地走在校园的跑道上，婷婷一看见黄老师，就飞快地跑上来扑到黄老师的怀里。“飞快”“跑”“扑”生动地诠释了什么叫依靠和想念。

孩子见到了黄老师如见到妈妈般温暖，这也是巡回指导教师存在的重要意义。巡回指导教师是从事融合教育教学指导工作的专业人员，属于特教老师中的一种；他们是以巡回指导的方式对一个区域若干所学校的学生及其家长和普通教师进行定期或专项辅助与辅导。巡回教师不仅提供技术和专业上的支持，更重要的是提供情感上的支撑。

从跨专业到承上启下，从分散到形成合力，黄老师给予的能量是非常

大的。迷茫的小女孩见到自己的恩师，亲昵地投入恩师温暖的怀抱，真挚而坚定的眼神仿佛在说："老师，我想上大学。"女孩的心，在看到黄老师的这一刻，落地了……

同样不适应的还有普通学校的老师。对于孩子的高中老师吴老师来说，黄老师的到来犹如雪中送炭。黄老师不仅一直为学校和资源教室提供专业指导与咨询服务，还为婷婷的融合教育教师提供教学指导：和吴老师共同研究并解决婷婷在康复训练中的困难与问题；指导吴老师在课堂上做到照顾集体的同时，兼顾婷婷的个体需求；带着吴老师做好婷婷的教育评估，参与婷婷的个别化教育计划的制订，并给出重要意见，针对婷婷的升学制订教育干预方案；定位舞蹈培养，参与实施婷婷的具体舞蹈训练，为她遇到的困难答疑解惑，并提供后续的资源链接、相关咨询与转衔服务。

所以，我们可以看到，巡回指导教师需要具备教育学、心理学、康复学、管理学等专业背景，他们为学生提供巡回服务，直接向融合教育教师提供支持和帮助，其中的内容和层次是多元的，合作与交流是紧密的。

巡回指导教师就是一座桥梁，桥梁的一头连接着孩子、教师、融合教育教师及学校的需求，另一头连接着特殊教育的各类资源，让每位特殊需要儿童都能找到通向未来的路，找到自己人生的答案。

花儿终会绽放

刘　阳

小马，男孩
12岁
唐氏综合征、
智力障碍

“我们的不同是我们的特别之处，我们同样可以做得很出色！”我时常这样鼓励我的学生。我们班的小马同学，是他让我学会了什么叫作坚持，也让我懂得了我们的困难不是永久的，我们可以努力克服它们。

小马是一名患有唐氏综合征的孩子，兼患中度智力障碍。这个小男孩是安静的，他下课后常常坐在教室里不动，看着其他同学拼积木，也不和他们一起玩。上课时他喜欢趴在桌子上，不点他名字的话，他一会儿就睡着了。小马胆子很小，当他犯错误时，如果我大声说话，他就会很害怕，眼泪也会掉下来。他在班级里也没什么好朋友，总是喜欢自己一个人玩，一个人画画，一个人走路。我常常感受到他很孤单，想让他参与同学之间的交流活动。

有一天，小马又打算自己一个人出去。我跟他说："来，我们一起来玩积木。"正好班级里有些同学在地上玩积木，我对他们说："我们和小马同学一起玩好吗？"其他同学纷纷点头表示同意，可是小马却低着头，一副很胆小、很害怕的样子。我和小马一同坐在地上，我拉着他的手跟其他同学一起搭积木，但他很抗拒，他不喜欢我这样握着他的手。反观其他同学却玩得很开心，还跟小马说这个是积木，要他搭小桥之类的话语。我带他玩了一会儿，见他兴致不高，就说："小马，你自己试一试？"结果他转身就跑掉了，留下了一脸茫然的我。

为什么学生之间的交往这么困难呢？我不禁思考，是因为小马的胆子很小吗？小马确实胆子很小，对于新鲜事物，他是很抗拒的。比如学校有了新的玩具，他是不敢尝试的，等他看到其他学生玩过后才敢自己去试一试。别的同学都能愉快地跟陌生人打招呼，他却自己躲在角落低着头，不敢看别人。

第二天课间活动的时候，我又叫小马一起玩积木。这次只有我和他两个人，没有其他同学。我拉着他的手一点一点地搭了一座桥。他搭完后也露出了笑脸，很开心。

"小马，你开心吗？"

他用力地点了点头。

"那你想不想和其他同学一起玩？"

他又用力地摇了摇头表示不行。我想，没有关系，我们慢慢来。第三天，我又拉来了一名同学，我们三个人一起玩积木。我还是拉着小马的手一点一点地拼接积木。他刚开始也是很抗拒的，慢慢地就放松了下来，最后我们三个人一起合作完成了一座小桥的搭建。我发现这次他没有低下头，反而注视着我和另外一名同学。后来我经常让另外一名同学陪他搭积木。渐渐地，小马也没有那么抗拒了，可以和这名同学一起玩积木了。于是我让更多的同学跟他一起拼积木，开始小马还是不适应，不想参与。渐渐地，小马可以搭自己面前的积木，还帮助旁边的同学搭积木，最后他可以和其他同学一起搭积木。我发现他还是蛮开心的，经常能听到他的笑声。

在上体育课时，我也引导他与其他同学一起活动。我组织他们进行接力跑，小马刚开始也是不愿意参与，我每次都拉着他的手，一起拿过接力棒，一起跑向终点。我鼓励他："小马你要勇敢，勇敢地迈出那一步，不要怕！"我也不知道他能不能听懂，但是我希望他能勇敢一点。很多时候我也想要放弃，我还有那么多学生呢，不能一直把精力放到一个学生身上。但是我想试一试，也许我再坚持一下，他就会有所改变。就这样，我拉着他跑步，坚持了一个学期，也鼓励了他一个学期。最后期末测验时，我蹲下来注视着他的眼睛，说："小马，我希望你能勇敢一点，勇敢地握住那个接力棒，跑向你的终点。"我一直注视着他的眼睛，紧紧握住他的手，目送他接过了手中的接力棒，慢慢跑向了终点。那一刻，我的眼角湿润了，孩子，这不是简单的接力，这是你人生中迈出的重要一步啊！你懂得了什么叫作勇气，而我学会了做事情要坚持，我们都得到了成长。

从那以后，小马变得活跃了起来。他可以和别人一同玩积木了，也乐于积极做早操了，每当早操音乐响起时，他都会第一个跳起来，跟着音乐扭动着身体，他的运动幅度很大，连头顶上的头发都一跳一跳的。每次做完早操后，他都会满头大汗。后来我经常能听到他的笑声，看到他充满阳光的笑脸，我也收获满满。这不禁让我想起一句话："我们的困难不是永久的，我们可以努力克服它们。"希望小马未来继续努力，做更好的自己。

专家点评

这位刘老师很可爱，通过这篇小文章，我们可以看到刘老师简单、积极、乐观的性格，非常阳光！这是特教老师非常重要的一个特质！这个小故事告诉我们：很多特殊需要儿童不会自己向我们走过来，需要我们主动过去拥抱他。这对于年轻的老师来说很有启迪，尤其是非特教专业的老师。

很多时候，在我们的师范教育经历和固有印象中，老师是要建立权威的，尤其是越年轻的老师越要建立权威，而且有时老师们也没有那么多耐心。下一个指令就希望孩子们能照做，这对于普通学校绝大部分学生而言确实是能做到的。但是，特殊教育学校不同，班额小，孩子们的差异性极大，同时，特殊需要儿童也和普通孩子一样有不同的性格特质，有的温和，有的暴躁，有的外向活泼，有的内向安静……这就需要特教老师具备更专业的职业技能。在普通教育中基本可以用统一的方法、教育计划，而在特殊教育中可能更多的是一人一案，很难复制同样的方法。文中的小马就是这样一个不合群的孩子。

我们看到，这个小男孩是安静的，总是喜欢自己一个人玩，一个人画画，一个人走路。刘老师常常感受到他很孤单，所以想让他参与同学之间的交流活动。

刘老师的主动拉开了交往的序幕，只有老师主动，孩子才有可能打开心门。“山不过来，我就过去”，所以，刘老师很努力地做，有意识地做。只是刚开始即使建设好环境，营造好氛围，进展也不尽如人意，比如大家一起玩玩具，刘老师手把手地教小马搭积木，也没有改变孩子的抗拒心理，小马甚至直接跑掉。

怎样才能切入要点呢？为什么小马和别人之间的交往这么困难呢？这一幕幕的画面也引发了刘老师的思考，考虑到他“胆子小”“抗拒新鲜事物”，刘老师改变了策略，不再是“大庭广众”下招呼他过来，而是尝试选择和孩子独处的时空，让他放松，建立安全感，并且取得了不错的效果。等小马的状态缓和后，继续努力推进，这时老师发现孩子逐渐能融入集体了。

更重要的是，老师观察到了他的核心品质在提升，即眼神的进步，能与人对视而不再回避——“我发现这次他没有低下头，反而注视着我和另外一名同学”。

老师乘胜追击，不断地拉高最近发展区——“后来我经常让另外一名同学陪他搭积木……于是我让更多的同学跟他一起拼积木”。

终于取得了第一阶段的胜利——“渐渐地，小马可以搭自己面前的积木，还帮助旁边的同学搭积木……经常能听到他的笑声……”。

而最让人感动的是刘老师的“试一试”，这份“试一试”背后的执着也是优秀的特教老师的卓越品质！在特殊教育学校里面，特教老师在保证集体教育质量的同时，在课余时间要花费大量的精力去做个别化的辅导，没有人给你下达任务，没有人给你专门提要求，没有相应的条件；是老师给自己提要求，自己制订特别行动计划，为的是打破每一个孩子的“僵局”！

有时是通过一次活动，有时是借助一些载体，有时是抓住一个契机，就像文中的玩玩具、搭积木、跑步、接力。当一个孩子从完全不参与任何活动，到能参与越来越多的活动，能在规则下按要求参与活动，并且能以积极的情绪和状态坚持完成活动，这就是极大的突破啊！

坚持爱的陪伴和鼓励，特殊需要儿童也能在阳光下闪闪发光。

守护那颗“玻璃心”

石慧芬

小川，男孩
15岁
听力障碍

一天下午，我在办公室办公，听到保安站在门口着急地说：“石老师，我听见二楼发出‘哐当’一声，跑上去一看，原来是你们班的玻璃窗被打碎了，但不知道是谁打碎的！”

我赶紧放下手头上的事情，快速地来到教室，看见后门边上洒了一地的玻璃碎片，同学们准备用手去捡大块的碎玻璃，我赶紧大吼一声：“不要！”因为有的同学有剩余听力，这样的音量他们能听到，能及时制止该行为的发生。我告诉他们，像这样锋利的物品，需要用扫帚清除，否则划伤了手或碰到身体的其他部位，后果会很严重。

当他们打扫完了，我才问：“谁打碎的？”他们比画着“我不知道”“我没看见”“我刚来”……我观察了他们的表情，虽然没有人承认，但我却发现小川的表情显得不自然。我淡淡地看着他们说：“我知道这玻璃是你们其中的一位同学不小心打碎的，但不管是谁打碎的，只要你主动承认，你就是一个诚实的孩子，给学校的赔付款也不要担心，老师帮你交就行啦！”我想他已经是七年级的学生，有自己的想法，且有极强的自尊心，所以留给他时间，让他自己主动说出来，说完之后我便下楼了。

过了半个小时，依然没有学生来找我，我便去查看监控，可是那个地方是死角，不在监控区域内。又过了一天，还是不见有人来找我，怎么办？我想要保护小川的自尊心，所以即便知道很可能是他，上课时也只能当作什么事情都没发生过，还是像原来那样和他互动。从他躲闪的眼神里，我知道他的内心在作斗争、在纠结着，只是还差一点勇气去坦白、去主动承认。

这样等下去也不是事，一是我担心他不敢承认，将事情埋藏在心里；二是因为他是学生会的干部，若不处理，会造成不良影响，因为其他同学可能知道是他打碎的，但碍于同学情面没有“告发”他，若我不处理，同学们会觉得不公平，以后就不会信服我，还会导致不良风气的滋生；三是我若当众处理，肯定会伤到他的自尊心，因为他平时是一个较乖的孩子，还是同学们心中的“好哥哥”。

第三天中午，我请班老师协助我共演一出戏。班老师来到我们班的教室，和他们聊天，“无意”中说出“石老师主动到后勤办公室承担了责任，并把玻璃费用赔付给了学校”一事。下午的班会课，我还是照常安排卫生分工、布置周末作业，然后和他们交流，我问道：“你们有什么事情需要我帮助吗？”小川立即站起来说：“老师，对不起，我那天拍篮球不小心碰着了玻璃，把它打碎了……”我的内心一阵激动：真好，他战胜了自己！但此时我只能平静地表扬他，说他是一个诚实的孩子，因为如果言辞太夸张，反而会让他尴尬。

就在班会课结束后，有一位同学打扫卫生时不小心把窗台上的花盆打碎了，她跑下来告诉我是她打碎了花盆，我平静地说道：“没事，你去花园找个花盆来把它重新栽好就可以了。”她点头，微笑着跑了出去。这样的结果正是我想看到的，也正因为有打碎玻璃“主动承认”的先例，他们才敢于承认自己的错误，勇于承担自己的责任，也让他们努力成为诚实守信的人。

后来，当发生类似的事情时，已经成为学生会主席的小川就会现身说法，给同学们树立良好的榜样。他虽然患有听力障碍，但学习非常努力，自身也全面发展，多次在艺体比赛中获得好成绩，初中毕业后考入了本市盲聋哑学校的“普高”班，这期间我也常和他的高中班主任联系，随时了解他的学习状况和思想动态，有时还和他的家人沟通交流，共同做好他的成长引路人。

刚结束高考的小川，在收到大学录取通知书的那一刻，马上发微信给我分享了这个好消息，还特意和他爸爸一起来到我家。我和他一起聊家常、聊他未来的发展，从他的眼神里我看出他很坚定，有自己的目标，让人很欣慰。他不管在哪，都是老师眼中的好孩子、同学们的好榜样，也祝愿他在大学里勤学自律，逐梦前行！

专家点评

这是一篇非常平淡的小故事，平淡的语言、平淡的描写，却在我心中泛起一阵阵涟漪。一块玻璃被打碎，却没人知道“罪魁祸首”是谁。老师希望孩子们有担当地主动承认错误，又留有空间让孩子成长，让孩子自己经历“斗争”，自己去判断、去选择；还又在一定的时间节点演一出戏，让孩子主动站出来，这样，即使再有类似的事情发生，孩子们也能敢于承认自己的错误，勇于承担自己的责任。

看起来平淡的处理，其实考验的是老师的功力，是大张旗鼓、兴师问罪，还是像警察探案一样，顺藤摸瓜？在故事中，石老师采用的是更为稳妥细致的方案。

石老师的题目取得很妙！一语双关，既是打碎玻璃的事实无法修复，也比喻听力障碍学生易碎的“玻璃心”，老师努力呵护让它不再脆弱，变得更坚强。

玻璃心，顾名思义，像玻璃一样易碎的心，一般是指人心理敏感、多疑、脆弱，经不起一点批评指责。因为听力障碍导致的思维局限，在听力障碍学生中尤其多见。较多的手语思维会导致孩子的理解力有时跟不上，有时被别人说两句，他们就会感觉受到了很大的委屈，很少会思考对方的话语是恶意的还是中肯的。有些听力障碍学生因为听觉通道受损，难以听到全貌，会在一些情境当中“莫名其妙”地生气，认为别人不尊重自己。同时，听力障碍学生中智力水平较高的孩子会容易想太多，喜欢对号入座，在与人交往相处的过程中，总是有很多内心戏，“想象力”似乎很丰富。这些问题其实绝大部分都与自我接纳与认可有关。

接纳认可，是人的基本心理需要。我们每个人都会本能地寻求群体的接纳与认可，所以会特别在意别人的评价和看法，害怕别人的否定。在这种情况下，孩子可能不是逃避，更多的可能是害怕甚至恐惧，这就需要老师小心处理，既要找出真相，又要呵护孩子的自尊心；既要解决眼前的问题，又要努力让孩子主动承担责任，在未来能成为一个有担当的人。

从石老师的心理活动中我们可以看到，其实老师已经经历了很多：面对大龄孩子，努力留有空间让他们自己形成判断力；等待多时仍没有学生主动认错，老师内心其实已经非常焦灼；继续细致地观察，更精准地锁定目标，期待最后的突破。

在这个过程中，石老师自己的内心斗争也非常激烈，反复思量“不能再等”，这才有了“我请班老师协助我共演一出戏”，终于让孩子自己敢于承认错误和承担责任。学生经历的整个过程看起来很平常，老师们却在背后非常努力，用一种“四两拨千斤”的手法，不动声色地撬动了一个孩子的心灵，播下了一颗勇于承担责任的种子。

其实无论从事哪个行业或哪个领域，都需要具备科学精神，尤其是在特殊教育这个行业里。科学精神就是实事求是、求真务实、开拓创新的理性精神。石老师也秉持着科学精神，通过事实说话，通过监控去了解事实的真相，而不是只依赖于自己眼睛和自己对学生曾经的了解，之后，石老师也尊重教育规律，尊重听力障碍学生的独特之处，充分考虑大龄特殊需要学生的心理特点，从方方面面做了科学的判断。

光有科学精神还不够，还得要有人文精神。“我知道这玻璃是你们其中的一位同学不小心打碎的，但不管是谁打碎的，只要你主动承认，你就是一个诚实的孩子，给学校的赔付款也不要担心，老师帮你交就行啦！”从这段话中可以看出石老师的情感倾向，主动将“不小心”前置，将“赔付款”说明清楚，先让孩子放下心理负担，再给予他们时间和空间来静待花开，同时也是在偷偷地告诉孩子，不用担心，只要知错就改，老师永远都是你坚强的后盾。这些亲切的话语仿佛是往孩子的心灵里注入一股暖流，吸取了爱的能量，让“玻璃心”变得勇敢，让孩子勇于面对人生的风雨，勇于承担自己的责任，这种教育才能培养出一个有担当的人。小故事，体现出了老师的大智慧！

长长的路，慢慢地走

陈锦怡

小江，男生
16 岁
智力障碍

教育孩子就像种花，要耐心等待花开。我始终相信每一个学生身上都具备极大的可塑性，我愿做一名为孩子出现更多可能性而等待的提灯者。

不说话的孩子

小江同学是我工作第三年碰到的大孩子。这里的“大”指的是年龄。见到孩子本人的时候，我第一眼就被他脚下的那双大码的鞋子吸引，仿佛是靠着鞋子的重量才牵住那单薄的身体，实在难以想象这个脸颊黑黝黝、身形瘦削的孩子已经有 16 岁了。

小江同学看着有些腼腆，低垂着头，双手贴在大腿外侧，我怕吓到他，将我们两个人的距离稍微拉开了些，轻声与他打招呼：“现在你是七年级的同学，我是班主任陈老师，你好呀！”他没有做出任何反应，这也在我意料之中。听小江爸爸说，孩子在普通学校就读时就很内向，不与人交流，也没有人愿意和他玩，在家倒是活泼，能与弟弟追逐打闹，但就是不说话。

不急于这一时，只要他能发出声音，总会等到他主动开口，我心想。我尝试牵住他的手，他没有反抗，我便将他带到储物柜旁，拉着他的手点了点属于他的柜子，告诉他以后书包可以放在这里，再将他领到座位旁，示意他坐下。“小江，这是你的座位，现在可以坐下来了。”他抬头看了我一眼，继续在原地站着。我耐心重复着简单的指令“坐下”，同时用手势突出椅子的存在，并让他的同桌站起身进行“坐下”的示范，但他仍一动不动。此路不通，我便改道而行，刻意减少对他的关注，但我的余光还是偷偷落在他的身上，果然，在发现无人关注他之后，他又踌躇了一会儿，缓缓坐了下来。我便知道，这孩子的认知能力不错，只是没有人教他如何与人相处，再加上他又内向，拒绝表达自己。

播下一粒种子

作为一名特殊教育学校的教师，不仅要在教学时发扬“慢工出细活”的匠人精神，还要给予班级里每一位学生不动声色的特别关怀。这句话尤其适用于小江同学，你不能让他发现你关注他，也不能不把注意力放到他的身上。

第二天，小江是第一个来到教室的学生，我伏在办公桌上写东西，他没发现我，风风火火地把书包往储物柜里一塞，就往座位上走，突然，他看到了我，身体就定住了。我觉得好笑，慢慢起身，和他热情地打招呼："早上好，今天你是来得最早的同学。"他没反应，还是杵在原地。我牵着他走到储物柜旁，提醒道："书包放错地方了，你的柜子在这里。"他眨眨眼，不知道如何是好。我再次下指令："把书包拿出来，放到这里。"我耐心地等着他，两分钟后，两个人依旧僵持着，于是我将书包拿出来塞到他怀里，便收回目光，再一回头，书包已经放到正确的位置，只留下一个快速逃开的背影，而我在心里准备的夸奖的词也哽在了嘴边。

放学时，小江一看到爸爸就想往外冲，我拉住他，挥挥手朝他说再见，他看了我一眼，便飞跑到爸爸身旁。小江爸爸朝我充满歉意地笑了笑，我笑着摇了摇头："路上小心，记得戴安全帽啊！"只是那一句"再见"不知道落到了何处。

随着时间的流逝，小江已经不会再将书包放错地方了，但他始终只是坐在座位上，不说话、不做出任何回应，每到放学时间，留给我的也总是那个逃离的身影，像是石头掉入大海中，听不到一丝声响。

在这个班里待的第三个月的第二周，当班长喊"起立"时，小江一下子就站了起来，我当时惊讶得捂住了嘴，按捺住狂喜的心情，忙在班上夸奖道："小江同学可以自己站起来问好了，他是不是特别棒？"我带动同学们一起为他鼓掌，虽然他的嘴巴还是抿得紧紧的，但是同学们发自内心为他响起的掌声，我相信他听到了。

携手共育

教育从来都不是一件孤军奋战的事情。小江是走读生，我会经常利用小江爸爸接送孩子的时间，及时与家长分享孩子在校的表现情况，小江爸爸没有什么教育经验，通常是我在说他在听，也不会有什么反馈，我总有一种拳头打在棉花上的无力感。直到有一次，因为临时要收集孩子的衣服尺码，我便给小江爸爸打了电话，电话那头没人接，我看了看时间，再过一会儿也要放学了，想着一会儿接送时再问也来得及。

结果一送孩子到校门口，我就看到小江爸爸已经等在那儿了，还没走近，就听他说："老师啊，之前在地里干活没带手机，又急着过来接孩子，没及时回你电话，不好意思啊。"我摇摇头说："没事，也不是很着急的事。"但那之后小江爸爸又拉着我说了好一会儿话，他说自己不会使用微信，很多东西都不懂，但他保证后面去哪儿都会带着手机，让我有什么事情一定给他打电话。我看着那和小江一般黑黝黝的淳朴面庞，心里想的是我还可以更努力一些。

后面在与小江爸爸的沟通过程中，我致力于让他看到孩子更多好的、进步的一面，先增强家长对孩子的自信心，再鼓励家长说出自己的想法，达到可以共同商量的程度，以促进学生良好习惯的养成和身心健康的成长；让家长多给予孩子表现的机会，不论结果好坏，都进行适当的表扬与肯定，帮助孩子克服逃避和畏怯的心理，这也能加强家校之间的配合，拉近师生间的距离，更可以促进家长与孩子之间的沟通。

同伴互助

只有在集体中，个人才能获得全面发展其才能的机会。模仿是特殊需要学生培养良好行为习惯的重要途径，我非常重视榜样教育，除了以身作则，我还严格规范其他同学的言行举止，鼓励他们带着小江一起玩耍，用正确的言行教会他与人交往的方式，帮助他更好地适应新环境、新班级。课堂中，我利用“小手拉小手，相伴共成长”的小组合作方式，引导他参与课堂活动。孩子们真诚、热情的态度，似乎也感染了小江同学，他开始尝试去帮助其他同学，比如帮助行动不方便的同学拿东西、背书包，牵着同学进教室等。只是在这个过程中，他仍然没有发出一点声音。

聆听爱的回响

第二个学期的一天，放学时小江没有急着跑到爸爸身旁，等我送完其他同学，发现他还在原地。他是在等我吗？我心想。我走到他身边，说：“爸爸来啦，和老师说再见。”我看到他一点点抬起手，抬到腰侧，将五根手指慢慢张开，和我说了一句：“再见。”我愣住了，再看他转身跑掉的背影，不知道是不是我的错觉，我总感觉小江的脚步变得轻快了许多，那句“再见”终于落到了实处。

那年上半年最后一次上门家访时，我看着他撩起衣服擦去脖子上的汗水，未来得及擦掉的汗水又顺着腰侧淌了下来，“瞧孩子热得……”我忍不住开口。“这孩子听到我打电话，知道你们要来，一看到我出门，便一溜儿烟跑到村口等。”小江仿佛也听懂了爸爸的打趣，不好意思地摸了摸后脑勺。

分开的时候，我上了车，发现小江也远远地跟了过来，我把头探出去朝他挥了挥手。我看不清他的表情，但我知道他在看着我，我的内心突然一热，又用力朝他挥了挥手，大喊：“再见，下周再见。”

哪怕种下的是名为“一成不变”的种子，在精心浇灌下，它也能茁壮地成长，并绽放出美丽的鲜花。

教育如同牵着蜗牛散步，总会与无法预知的情况狭路相逢，你不知道前方有什么，甚至不知道要走多久，但总得有一个人提灯照亮前方的路。没关系，长长的路，我们一起慢慢地走。

专家点评

看到这篇精彩的故事，我的心里流淌出欣喜和感动，从文中看到的是包容、豁达、从容和恬静。陈老师一定也像她的笔端那样优雅和温暖，她在学生心里播下一颗小小的种子，用暖暖的爱意浇灌它，使它发芽、生长、开花，结出丰硕甜美的果实。

特殊教育，看似一成不变的每一天，却有着神奇的力量

这是个“慢热型”的孩子，从陈老师见到他的第一眼到两个学期过去，才等到他一句“再见”，如铁树开花般难得，这两个字落在陈老师耳中，可能如天籁一般美妙。

见到孩子的第一眼，难以想象一个16岁的孩子还如此瘦削、单薄，老师跟他打招呼，他却没有任何反应，一个“坐下”

的动作，需要经过漫长的过程才能完成。

第二天，原本风风火火的孩子在见到老师后，像是突然被孙悟空念了咒语一般不动了，真的可爱又搞笑，而且发生了各种僵持、踌躇，孩子生怕被看见、被关注到。

时间来到第三个月的第二周，孩子的回应越来越多，可以听到指令并立即做到，这几个月老师的努力已经让孩子慢慢地发生着神奇的变化。后来孩子也越发融入集体，不仅是被动地接受，还主动地帮忙，虽然还是“沉默”地帮忙，但已经进步了很多。

一直到第二个学期的一天，那句迟到的“再见”终于来了，来得那么深情款款，就像电影的慢镜头那般值得回味。

而这年上半年最后一次的上门家访，陈老师从爸爸口中听到孩子提前等待老师到来，结束时看到孩子远远地跟过来，都让她感动不已。

这，就是特殊教育，为了能满足特殊需要学生的特殊学习需要而开展的教育。在学校的每一天里，陈老师帮助孩子逐步适应环境，尽最大的努力，帮助他们达成能适应正常生活的目标。在每一天里，她帮助孩子感受春天般温暖的爱和阳光，让他们从被动接受到主动给予，以爱回报爱，用爱传递爱、激发爱。

特教老师，默默提灯照亮前方的路，让你拥有梦的启航

从很多地方可以看出，小江这个孩子，有一定的智力水平和认知能力，比如老师给出要求或者同学给出口令，他虽然没有回应，但他的行动却做

到了，做对了！所以，对这个内向、“慢热型”的孩子，陈老师没有着急，而是给予充分的尊重、共情和空间，让孩子慢慢成长，直到长成一棵健壮的小树。从见到孩子的第一眼开始，陈老师就已经给孩子、给自己确定了清晰的认知——这孩子的认知能力不错，只是没有人教他如何与人相处，再加上自身内向又拒绝表达。陈老师将关键落在了“没有人教他”这一点上，所以他其实没有什么问题，他的问题只是“没有人教他”，如果“我好好教他”，那他就可以很好地融入社会生活了。

即使教的过程有很多次的“不畅快”，即使是这样的“慢”，陈老师也坚信一切会变得美好，所有苦难的深渊遇到真情都会被填平，所有被爱沐浴的种子都会发芽！让我们每一位特教老师都献出一点爱，汇聚成一股具有无限潜力的能量，推动特殊需要学生努力达成最佳状态，向着更加明亮的方向前进。

老师，你可以抱抱我吗？

陈泽华

冬儿，男孩
8岁
智力障碍

脏兮兮的小男孩

“老师，你可以抱抱我吗？”连续上两节课，声嘶力竭、疲惫不堪的我拿起课本刚要离开教室，一双黑乎乎的小手伸了过来。抬起头，我看到了一个脏兮兮的小男孩。蓝色的校服上衣已经看不到最初的颜色，左一团白，右一块黑，中间还有几道黑色的波浪线，衣脚处还有很多线头，长短不一。他的脸蛋黑乎乎的，嘴角还有早餐的面包屑。

我是临时来代课的，这个班的老师即将从其他学校调来，还在办理手续。“这孩子情商那么高，我刚上两节课他就那么喜欢我？”我心里一半欣喜若狂，一半纳闷。

“好的，老师抱抱！”我弯下腰，紧紧地抱了一下他。

“老师，他那么脏，你居然抱他？”还没直起腰，旁边一个胖乎乎的小男孩惊叫。我循声一看，周围还有几个孩子惊讶得张大嘴巴看着我。那一瞬间，教师的敏感让我意识到，我接下来的一举一动也许对这个脏兮兮的孩子和其他孩子都很重要。“他和你都是可爱的孩子，老师都喜欢，我也抱抱你，好吗？”胖乎乎的小男孩腼腆地张开手，和我抱了抱。“你们俩一起去玩，好不好？”我把脏兮兮的小手放到胖乎乎的小手上，两个孩子互相看看，“好的！”胖乎乎的小男孩一把拉着脏兮兮的小手，开心地走了。

他经常这样

一下课，孩子们便围了上来，刚才课上的内容成了聊天的话题。“老师，那只老麻雀是爸爸！”“不，那只老麻雀是妈妈！”“爸爸！”“妈妈！”孩子们争论不休。忽然，一个孩子冲出教室，把第一排的桌子推倒了。“是谁？”我从孩子群里挤出来，看着那个越来越小的身影问。“是冬儿，就是要你抱的同学，他经常这样！”班长小敏说。“对，他经常这样！”围在我身边的孩子凑了过来，七嘴八舌地给我讲小男孩的故事。

孩子名叫冬儿，他的爸爸妈妈离婚后，各自组建了新家庭，把他留给了年过八旬的奶奶。奶奶家就在学校隔壁，冬儿每天自己上学，放学后自己回家。他上课从不举手回答问题，偶尔老师点名让他起来回答问题也是半天不开口，他经常看着窗外发呆，沉浸在自己的世界里。他没有玩伴，课间经常自己躲在沙池里搭房子，有同学靠近他搭的小房子，他就会发出撕心裂肺的怪异的尖叫声。他在老师和同学们的眼里是那么与众不同，是个特别的学生。

甜蜜蜜的棒棒糖

来自离异家庭的他，缺少家庭温暖，孩子们常常念叨的“爸爸妈妈”，在他听来如此刺耳。缺失的爱让这个孩子缺少了交往的自信，不会与人交流，也许，他心里所渴望的就是一个温暖的家，拥有家人的怀抱、亲人的爱。他的家庭我无法改变，但我们可以让他在一个有爱的大家庭里学习，让老师和同伴的爱改变他。

第二天，我带了一罐棒棒糖。“你可以和同学们分享你的棒棒糖。”下课后，我把棒棒糖给了冬儿，他开心地接过棒棒糖。也许是棒棒糖的魅力，他的身边立即聚集了一大群孩子。他开心地把糖分给大家，还细心地问：“你想要什么口味的？”多好的孩子！我的眼泪控制不住溢出眼眶。

看着他和孩子们开心地吃着棒棒糖，我把几个孩子拉到身边：“你看，冬儿有好吃的不忘和你们分享，他多爱你们！”孩子们懂事地点了点头，说道：“我们也要爱他！”

接下来的几天，我在上课时有意识地给孩子们讲互相关爱的故事；在和孩子们沟通好后，我又组织孩子们一起分组玩游戏，看到小组长们都纷纷邀请冬儿一起加入时，他紧紧抓住的小拳头松开了；知道他喜欢搭房子，我把孩子们都带到沙池里举行搭房子比赛，当同学们要给他搭建的房子插上漂亮的花儿时，他同意了，并且开心地笑了。在参与一次次活动后，在和小伙伴们一起玩乐中，他学会了与人交往，也慢慢尝试融入班级。而孩子们似乎也懂得了老师的良苦用心，冬儿的身边开始有了朋友，教室里多了一道快乐的身影，校园里也再没有听到过他的尖叫声。

而我，依然坚持每天抱抱他，摸摸他的头，不时给他带好吃的。

孩子慢慢长大，每次见我，都会上来抱抱我。他依然还穿着脏脏的衣服，但手是干干净净的，脸上总有笑容，身边总有几个小伙伴。

教育是什么？教育是一场用心温暖他人的修行，而爱则是教育的一种力量和方式。让爱走在教育的前头，教育就会温暖人心，用爱的教育教会孩子接受爱，学会爱，学会同情，懂得感激。在爱的教育下，改变的会是孩子的一生。

专家点评

这是一个温暖的抱抱！这是一篇暖文，里面的文字就像带着暖意的一江春水，携着爱意慢慢流淌，漫延到了我们每一个人的心里。

这是一个在普通学校里面随班就读的特殊需要儿童，他是一个看上去脏兮兮的小男孩，“一双黑乎乎的小手伸了过来……蓝色的校服上衣已经看不到最初的颜色，左一团白，右一块黑……他的脸蛋黑乎乎的，嘴角还有早餐的面包屑”，对这个孩子，陈老师没有半点儿嫌弃，有的只是“一半欣喜若狂，一半纳闷”。

善待学生，给予温暖

老师的善待，可能会改变孩子的一生，也可能会温暖孩子的一生。那个叫得撕心裂肺的小男孩再也不尖叫了，学会了细心询问，总是将小手保持干净，脸上总是带着笑容，这前后的对比多么强烈！改变的节点来自陈老师一次温暖的拥抱，以及后来持续送去的甜蜜关爱，那是爱和智慧的源泉。

正如陈老师所说，教师的敏感非常重要和宝贵。周围同学惊讶地询问："老师，他那么脏，你居然抱他？"惊叫与张大的嘴巴让陈老师意识到，"我接下来的一举一动也许对这个脏兮兮的孩子和其他孩子都很重要"。于是，同样的拥抱，成了最好的表达与示范，以至于老师可以很顺利地"把脏兮兮的小手放到胖乎乎的小手上"，成功地让"胖乎乎的小男孩一把拉着脏兮兮的小手，开心地走了"。

正因为这样，冬儿改变了。原来的他，是沉浸在自己的世界里、没有玩伴的孩子，而因为大家习以为常地认为"他经常这样"，所以可能也没有人去改变这种状态，但是陈老师改变了这种状态。渐渐地，他学会了与人交往，也慢慢尝试融入集体；他的身边开始有了朋友，教室里多了一道快乐的身影，校园里也再没有听到过他的尖叫声……多么令人欣喜的变化！

努力沟通，促进融合

我比较欣赏陈老师的这句话："他的家庭我无法改变，但我们可以让他在一个有爱的大家庭里学习，让老师和同伴的爱改变他。"是的，作为一名老师，我们常常对很多事无能为力，但是我们可以在力所能及的范围内去做我们能够做到的。

特殊教育学校中的部分孩子，确实有着不幸的家庭。作为老师，我们的能力确实有限，只能在教育教学的问题上，尽最大努力去沟通，尽可能地多爱他们，多教育他们，让他们在在校的这段时间里能得到改变。

陈老师先是给冬儿一个温暖的抱抱，让他感受到被接纳；再给他带一罐棒棒糖，让他和同学们分享，让他的身边多了一群小伙伴；接着引导孩子们去接纳和包容冬儿，老师也有意识地给孩子们讲互相关爱的故事；和孩子们沟通好后，组织孩子们一起分组玩游戏，引导小组长们邀请冬儿一起加入；知道他喜欢搭房子，设计融合活动，即搭房子比赛……就在这一次次活动后，在和小伙伴们一起的玩乐中，冬儿学会了与人交往，也慢慢尝试融入集体，他的身边开始有了朋友……

而陈老师，依然“坚持每天抱抱他，摸摸他的头，不时给他带好吃的”。直到孩子长大了，他依旧会“每次见我，都会上来抱抱我”。即使他的家庭没有太多改变，我也相信在学校的这份情感会一直延续，孩子的人生也可能因此得到改变。

所以说，融合，是一种双赢。融合教育最根本的理念是将学生的差异视作重要的教育资源。当教师尊重、认可乃至欣赏这样的差异，引导孩子们展开同伴互助时，学校的氛围一定是温暖美好、向上向善的，从学校走出去的学生也会是充满人文关怀的。当融合教育得以实现，丰富的是成长中所有孩子的心灵，提升的是教师的师德和专业能力，发挥的是学校立德树人的作用。

孩子，请给我你的手

王海凤

杰杰，男孩
6 岁
孤独症

在我心中，每个孩子都是一朵会开的花。杰杰是一个孤独症儿童，在很多方面有着孤独症儿童的典型特征。刚入学时，他是班里最大个的，会大声叫老师好，整天笑呵呵的。但是，有一次，一个同学不小心碰了一下他的手臂，后果却特别严重：他立刻烦躁起来，大哭大叫，用力地去咬自己的手臂、衣服，甚至试图狠狠地去推那名同学。这时，我才惊觉他对身体触碰是如此厌恶！

怎么办？是大声批评或惩罚他，还是隔离他，默默等待，让他自己发泄个够？我选择了后者。我及时把他拉到一边，不讲道理，只是轻轻地安慰他："没事的，被摸一下没事的。安静点，好吗？"在我的轻声细语下，杰杰慢慢地冷静了下来，两只眼睛哭得通红。这件事就到此为止了，我也警告了一下其他同学，尽量不要碰到杰杰。但是，我的内心却生出了很大的压力，因为我深知孤独症儿童在感知觉方面的异常是很难改变的，但是我又不能什么也不做，只能整天绷紧一根弦去盯紧他，让他不会被触摸。我们的教育要求我们不能守株待兔，教育应该是一种积极主动的无声呼唤，是一种智慧的等待。

我开始重点关注杰杰，经常表扬他，用食物奖励他，对他行为方面的要求也比其他的学生低。杰杰开始喜欢我了，爱跟我反复讲一些话题或者问问题。奇怪的是，他又经常过来拉我的手臂。这样的孩子，真是让人百思不得其解！

冬天来了，为了缓解他对肢体接触的厌恶，我给他带来一副手套，先从一只手开始，告诉他“戴手套有饼干吃”。在食物的刺激下，他刚开始时有了点兴趣，我试图去跟他握手，他也没太多抗拒。但是时间久了，他就厌烦了，脱了手套，我再怎么诱惑他也不肯再戴上。我继续想法子，因为他喜欢看动画片，就问他：“想不想看动画片？想看就跟老师拉钩，不可以发脾气。”他按照我的样子，伸出小指头勾勾我的手指，并重复了我的话。就这样，在他看电视的过程中，我多次提出与他勾手指，让他保证不发脾气。他似乎也把这当成了一个小游戏，没怎么抗拒。

慢慢地，从拉钩游戏中，我似乎看到了一丝希望之光。继续努力，从勾小指头的动作升级成握小手的动作！在一次课堂上，我给学生展示握手的图片，并说明这是表达友好的意思，你喜欢谁，就可以跟谁握手，拉手，做好朋友。然后，我就开始和每一个学生握手，并表达我的喜爱。轮到杰杰了，他笑嘻嘻的，但仍有点儿抗拒和躲闪。我试了几次，表扬了他几次，终于他伸出了他的手，握了一下就迅速放开。我又继续开展了几次游戏，同学们兴高采烈地玩着，他也被全班同学的气氛所感染，与我握手的时间越来越长。后来，轮到同学们之间的握手了，他依然是从犹豫到慢慢接受……

看到他每一次的伸手，我的心中都被欣喜占据。孩子，你终于把你的手伸给了我！这是你对老师的信任和爱，我相信，在以后的生活中，你还会更主动、更频繁地向我伸出你的手！

每一个孩子，都需要老师放慢脚步，用真诚、宽容、耐心、信任、尊重去呵护。在等待中，终会花开！

专家点评

这是一个充满爱的故事。在王老师的心中，每个孩子都是一朵会开的花，或迟或早。“一花一草皆生命，一桃一李亦芬芳。”真正的师者，才拥有这份理智和宽容的爱。

不难看出，这是一位严重抗拒身体触碰的特殊需要儿童。事实上，普通人群中也有这类问题，可能是因为身体曾经受过伤害，可能是自我保护意识过度，可能是类似于洁癖的强迫症导致的。但是这个问题放在一个孤独症儿童身上，则不能一概而论，我们唯一可以做的就是在爱与专业的相互作用下，用无穷的教育智慧来感化孩子。

王老师是有信仰的。开篇第一句话，王老师便直抒胸臆，“在我心中，每个孩子都是一朵会开的花”，这是一份坚定的信任，一份对特殊教育坚定的信仰。因为她向我们展示了这份坚定背后的底气，也用她的实际行动证明，无论孩子有哪些典型特征，无论孩子的能力如何，他们总有能够做到的事。

王老师是有智慧的。当她发现孩子的异常，除了立即制止，保证孩子们的安全之外，没有去做一些强势的干预。很多老师只要学生一出现问题，就会不分青红皂白地立即去批评，说上一番可能孩子压根儿也不理解的“大道理”，殊不知这个时候情绪上头，听得懂的孩子不愿听、听不进去，听不懂的孩子也不明白老师在说什么。王老师没有去讲什么道理，也没有立即惩罚隔离，而是“无为而治”，轻轻地安慰孩子：“没事的，被摸一下没事的。安静点，好吗？”恰恰就是在王老师的轻声细语下，孩子慢慢地冷静了下来。

其实在这里，王老师提出了一个观点：老师的选择，至关重要。这不光指最开始发现问题时老师的做法，更是指对整件事情的处理方式。特殊需要儿童通常都会有一些感知觉异常的问题，尤其是孤独症儿童，他们身上除了我们经常听说的听觉异于常人这类问题，其实还有很多问题。大概说来有感觉过度、感觉不足、感觉寻求等类型，比如不怕痛、不喜拥抱、不看人、严重挑食、玩口水、咬衣服、听觉极度敏感、喜欢闻特殊气味、摇头晃脑、喜欢旋转、踮脚走路等。我教过或见过的孩子里，有的十几年只吃一种食物，如果没有那种食物，宁可饿着，也不会去尝试另外一种食物；有的孩子有睡眠障碍，极少时间能入睡，每天顶着大大的黑眼圈，有的甚至不会闭眼睡觉；有的孩子需要不停地自言自语、摇头晃脑，一旦停止就会崩溃；有的孩子长期撞头、撞墙，似乎感觉不到疼痛……王老师为何会生出很大的压力？因为她想选择一条最难走，也是最让孩子获益的路！有实验表明，与喂食相比，身体的舒适接触对依恋的形成起着更重要的作用。而孤独症儿童缺少这种积极的情绪，尤其是对亲人的依恋情感。做过父母的人都懂得，孩子的婴儿时期我们会强调抚触，父母与孩子之间要保持经常的肌肤接触，让孩子得到生理上的满足，更体验到愉快的情感。从这个角度讲，我们就更为理解王老师做出这个选择的初衷。

当王老师观察到一个整天笑呵呵的特殊需要儿童，在一个情境下突然变得烦躁时，她迅速意识到孩子对身体触碰是如此的厌恶！于是王老师采用了“四部曲”的方式解决这个问题。我们可以看到，整个过程中，王老师都非常有耐心和爱心。王老师用各种方法引导孩子，从戴手套到勾手指，从勾小指头到握住整个小手，最终令孩子发生了变化，慢慢接受了身体接触。

正如王老师说的：孩子，你终于把你的手伸给了我！这是你对老师的信任和爱，我相信，在以后的生活中，你还会更主动、更频繁地向我伸出你的手！